«*El sexo en un mundo quebrantado* es ur [...] las raíces profundas del pecado y el pode [...] un libro con sensibilidad pastoral y funda[...]

> **Gerald Hiestand**, pastor asociado, Iglesia Calvary Memorial; director ejecutivo, The Center for Pastor Theologians; autor, *Sex, Dating, and Relationships: A New Approach* [El sexo, las citas y las relaciones: un nuevo enfoque]

«Paul Tripp ha abordado muchos temas importantes comunes a todos los cristianos. Ahora plantea otro, con su acostumbrado estilo cautivador. Esta vez, habla del tema moral quizás más importante de la iglesia de hoy: el caos sexual».

> **Ronald J. DeHaas**, Director general, Covenant Eyes, Inc.

«Lo que escribe Paul Tripp siempre me desafía, me anima y me inspira. Esto es exactamente lo que sucedió con *El sexo en un mundo quebrantado*. La sexualidad puede ser hermosa, pero también es caótica, así que tenemos que ser sinceros con este tema. Si lees este libro con un corazón abierto y humilde, Dios lo usará para profundizar tu pasión por Cristo y para ayudarte a descubrir una vida de libertad, pureza y alegría».

> **Craig Groeschel**, pastor, Life.Church; autor, *Daily Power: 365 Days of Fuel for your soul* [Poder diario: 365 días de combustible para el alma]

«Una vez más, Paul Tripp ha aplicado con gracia y de manera pastoral el consuelo y el desafío del evangelio a la realidad cotidiana de nuestras vidas. Esta vez, con *El sexo en un mundo quebrantado*, la sexualidad y las relaciones se desentrañan y se explican de una manera que lleve a los lectores a ser discipulados con gentileza, en lugar de recibir un reproche o pasar vergüenza. ¡Doy muchas gracias por un libro que puedo recomendarles a las mujeres que, al igual que los hombres, necesiten la esperanza y la sabiduría de Cristo aplicada a este aspecto de su humanidad!».

> **Ellen Mary Dykas**, Coordinadora del ministerio para mujeres, Harvest USA; editora, *Sexual Sanity for Women* [Cordura sexual para las mujeres]

«Se han escrito muchos libros sobre el sexo, pero no hay ninguno parecido a este, que tiene una visión del sexo abiertamente centrada en Dios, y no solo explora cómo Él quiso que funcionara, sino también por qué a menudo no funciona así. Paul Tripp, quien probablemente es uno de los pensadores cristianos más perspicaces de nuestra generación, hace preguntas en este libro que pocas personas de la fe se atreven a formular: ¿Por qué Dios me creó con deseos insatisfechos? ¿Por qué me siento desilusionado tan a menudo? ¿Qué siente verdaderamente Dios por mí cuando caigo en las mismas tentaciones una y otra vez? Más que leer este libro, lo devorarás, y lo más probable es que se lo recomiendes a todos los que conoces».

J. D. Greear, pastor, Iglesia The Summit, Raleigh-Durham,
Carolina del Norte;
autor, *Not God Enough* [Un Dios demasiado pequeño] y *Gospel: Recovering the Power That Made Christianity Revolutionary* [El evangelio: recupera el poder que hizo revolucionario el cristianismo]

«La enajenación sexual se ha apoderado de nuestro mundo, así que necesitamos un consejo cuerdo de parte de un consejero sabio. Paul nos señala a Cristo, nos arraiga en la verdad y nos muestra un camino a través de tanta locura. ¿Acaso se puede esperar menos de Paul Tripp?»

Deepak Reju, pastor de consejería bíblica y ministerio familiar,
Iglesia Bautista Capitol Hill, Washington, DC;
autor, *El pastor y la consejería* y *She's Got the Wrong Guy* [Ella está con el muchacho equivocado]

«Esto es todo lo que hemos llegado a esperar y a apreciar de los escritos de Paul Tripp: un realismo ardiente sobre nosotros mismos y una seguridad ilimitada en el poder del evangelio para traer perspicacia, sabiduría y restauración. Es un libro que se precisa con urgencia, y será una eterna bendición para muchos».

Sam Allberry, orador, Ravi Zacharias International Ministries;
autor, *Is God Anti-Gay?* [¿Acaso Dios es antigay?]

«Este maravilloso libro alumbra con la esperanza deslumbrante del evangelio en medio de la profunda oscuridad de la culpa y la vergüenza. Sin culpar meramente a nuestra cultura poscristiana, Paul "normaliza" una lucha humana universal que aflige a todos los hijos de Dios. Al igual que yo, te encontrarás reflejado en estas páginas: descubrirás la seguridad de que no eres peor que los demás y de que tu amoroso Padre celestial entiende tu debilidad, ofreció a Su Hijo para redimir tu sexualidad, y derramó Su Espíritu para llenar de poder tu transformación.

¡Únete a mí y a Paul y celebremos a nuestro gran Dios, el especialista en redimir lo que está roto!».

David White, director de discipulado focalizado, Harvest USA;
autor, *Sexual Sanity for Men* [Cordura sexual para los hombres]

«Muchos libros de hoy confrontan el caos sexual del mundo moderno. Apenas unos pocos y preciados te preparan para detectar las esperanzas falsas, mientras a su vez te dejan con una sensación vigorizante de verdadera esperanza. No conozco ningún antídoto mejor para nuestra era sexualizada que *El sexo en un mundo quebrantado*. Léelo, examina tu propio corazón y tus hábitos, y empápate en la gracia renovadora, restauradora y abrumadora de Jesucristo».

Owen Strachan, profesor adjunto de teología cristiana, Midwestern Baptist Theological Seminary;
coautor, *The Grand Design* [El gran diseño];
coeditor, *Designed for Joy* [Diseñados para el gozo]

SEXO EN UN MUNDO QUEBRANTADO

Cómo Cristo redime
lo que el pecado distorciona

ESPAÑOL

NASHVILLE, TENNESSEE

El sexo en un mundo quebrantado:
Cómo Cristo redime lo que el pecado distorsiona

Copyright © 2019 por Paul David Tripp

Todos los derechos reservados.
Derechos internacionales registrados.

B&H Publishing Group
Nashville, TN 37234

Clasificación Decimal Dewey:204
Clasifíquese: VIDA RELIGIOSA / CRISTIANISMO/ SEXO

Publicado originalmente por Crossway con el título *Sex in a Broken World: How Christ Redeems what Sin Distorts* © 2018 por Paul David Tripp

ISBN: 978-1-5359-0821-4

Impreso en EE. UU.
1 2 3 4 5 * 22 21 20 19

Eternamente agradecido
por las nuevas misericordias de cada mañana
y por una gracia que me rescata a diario.

Contenido

Prefacio

Es la tarde después de la mañana en la que terminé el libro que estás leyendo ahora. La mejor descripción de mi estado de ánimo en este momento es que celebro con tristeza. Me siento devastado por todo lo que este libro ha expuesto en mí. Me apena la lujuria que todavía reside en mi corazón, pero estoy lejos de haber perdido la esperanza, porque escribir este libro me ha enardecido de una manera mucho más profunda que nunca con el poder liberador y transformador de la gracia del Señor Jesús.

Me entristece pensar que, en cuanto al sexo, seguimos tragándonos el legalismo que afirma que, si podemos organizar la vida de las personas, darles las reglas correctas y conectarlas a sistemas eficientes de rendición de cuentas, podemos librarlas de su enajenación sexual. Que podamos ver el poder del pecado sexual de engañar y esclavizar a las personas y sentirnos cómodos en nuestra dependencia del escaso poder de la intervención humana es algo ridículo en sí mismo. Pocas áreas de la lucha humana revelan con mayor poder la triste pecaminosidad del pecado que los flagelos sexuales que se les infligen a las personas y a través de ellas cientos de miles de veces por día. El engaño y la confusión son tan grandes que ya ni siquiera podemos ponernos de acuerdo sobre cómo definir aquellos que solían ser términos que cualquiera entendía, como *sexo* y *género*.

No obstante, frente a todo esto, sigue habiendo una razón sólida para gozarnos. Por todas partes, la iglesia de Jesucristo está regresando a la esperanza del evangelio. Por todas partes, los líderes cristianos, jóvenes y viejos, están acudiendo al evangelio de Jesucristo para ayudar a diagnosticar problemas sexuales, mientras al mismo tiempo les muestran a aquellos que están con tentaciones, debilidad o adicciones la esperanza que solo se encuentra en la gracia de Jesús.

Aun así, es triste pensar en cuántas personas se volcarán hoy al sexo para encontrar algo que este no puede darles y al hacerlo, cederán a la tentación y profundizarán su adicción. Es triste pensar en cuántas personas, por vergüenza, negarán lo malo que están haciendo y la profundidad de su esclavitud. Y, aunque tantas personas luchan en privado, es triste ver que la cultura circundante parece volverse cada vez más descabellada sexualmente, con cada día que pasa.

Sin embargo, frente a todo esto, hay un descanso feliz al saber que Jesús sigue reinando y que seguirá haciendo progresar la marcha de Su reino, hasta que el último de Sus enemigos esté bajo Sus pies. Él reina sobre toda situación, lugar y relación que, de lo contrario, nos darían razón para desesperar. Él reina para Su propia gloria y para nuestro bien. Y Su reino es nuestra garantía de que cumplirá todo lo que ha prometido, porque solo Él puede garantizar que cumplirá Sus promesas en los lugares que gobierna... por cierto, eso es en todas partes.

Así que, lee este libro como quien celebra con tristeza. Espero que, por momentos, traiga lágrimas a tus ojos y, en otros, te haga gritar de alegría. Regocíjate con el ceño fruncido o celebra con lágrimas. Verdaderamente, es lo que deberíamos hacer entre el «ya está» y el «todavía no», mientras esperamos con la garantía de que nuestro Mesías terminará con nuestras luchas sexuales.

Paul David Tripp
11 de octubre de 2012

1

El sexo en un mundo quebrantado

Se sentía estafada. Tenía 30 años, era soltera y en la mayoría de las áreas de su vida, se sentía satisfecha, excepto en una. Sencillamente, no podía entender por qué Dios la había diseñado como un ser sexual con fuertes deseos sexuales y le había prohibido participar del sexo y disfrutar de él. Veía parejas en los restaurantes locales acurrucándose en alguna esquina, y eso la llenaba de una mezcla explosiva de envidia y enojo. Siempre había tomado en serio su fe y había intentado vivirla de manera práctica, pero esto del sexo estaba por empujarla por la borda. Cada vez más, Dios le parecía un juez duro, en lugar de alguien que la amaba. Pensaba: «¿Cómo puedo servir a un Dios que me programa con deseos y después me dice que me disciplinará si los satisfago?». Esto la dejaba deprimida y confundida.

— — —

Sharon sabía que su hijo estaba jugueteando con el sexo, pero no lograba que lo admitiera. Intentó entrar a su computadora, pero no sabía la contraseña. A veces, él hacía un comentario fuera de lugar o contaba un chiste con connotación sexual y cada vez, Sharon sentía el alma por el suelo. Habían intentado prepararlo para la vida en este mundo caído, pero los cambios habían venido como un remolino arrasador, tal es así que Sharon sentía que vivía en un mundo que ya no comprendía. Su hijo nunca dejaba el teléfono. Parecía estar siempre hablando sobre alguna muchacha, enviándole mensajes de texto a alguna o saliendo con otra. Y cuando estaba en casa con una chica, Sharon sentía que la interacción entre ellos era demasiado física. La situación se agravó tanto que Sharon terminó odiando el sexo: detestaba que Dios lo hubiera creado y detestaba que su hijo de 16 años ya tuviera deseos sexuales fuertes. Detestaba que por todas partes se hablara de sexo. Se sentía impotente e indefensa; pensaba que estaba perdiendo a su hijo y que no había nada que pudiera hacer.

— — —

Ella tenía catorce años y le gustaba ser sexi, pero no quería que su mamá lo supiera. Se iba a la escuela con un atuendo aprobado por sus padres pero, a menudo, tenía otro más «*cool*» en su bolso, para cambiarse en la escuela. Para ella, un atuendo «*cool*» era uno diseñado para mostrar el cuerpo, en lugar de cubrirlo con pudor. Aunque la mayoría de sus amigas hacía lo mismo, ella sabía que su papá la mataría si se enteraba. Anhelaba ser popular, y para ser popular, había que tener muchos «me gusta» en Facebook e Instagram, y la manera de obtenerlos era ser provocativa. Sus *selfies* se volvieron cada vez más sexuales. No había publicado nada desnuda, pero la imagen que proyectaba era deliberada y sexualmente provocativa. En la escuela, obtenía mucha atención masculina, y también de parte de «muchachos» en Internet, a quienes no conocía. Estaba viviendo una fantasía al mejor estilo de las Kardashian, y le encantaba. Sus padres no tenían ni idea de lo que sucedía y si la hubieran tenido, se habrían sentido desconsolados y a la vez enfurecidos. Tenía tan solo catorce años, y el sexo era lo que impulsaba su mundo.

— — —

Aquella noche, él condujo a su casa con el corazón apesadumbrado. Una vez más, había escuchado la misma historia. Lo deprimía pastorear a personas que, al parecer, no podía ayudar. Aquel día, en su oficina, había hablado con otra pareja cuyo matrimonio había quedado hecho trizas por el sexo ilícito. La esposa lloró, derramando lágrimas por otra traición. El hombre hizo una especie de confesión, pero plagada de excusas y del típico intento de minimizar lo que había hecho. Parecía estar más enojado porque lo habían atrapado que agradecido por haber sido rescatado de las garras de algo que tenía el poder de destruirlo. Su pecado no solo había destrozado su matrimonio, sino que también le costó su trabajo.

Para el pastor, escuchar todo esto fue sumamente desalentador. Les habló sobre la gracia del evangelio, pero no lo hizo con todo el corazón. Alguna vez, había tenido plena certeza sobre el poder de Dios, pero su confianza se había debilitado tras ver la cantidad de hombres de su iglesia que habían caído en pecado sexual. Esto no solo debilitó su confianza en la gracia de Dios, sino que lo llevó a cuestionar su llamado. ¿Por qué con toda su enseñanza, su predicación y su consejo, no había podido proteger a los hombres a quienes Dios lo había llamado a pastorear? Era difícil avanzar cuando Dios parecía distante y cuando él se sentía un fracaso. Sabía que, al llegar a su casa, su esposa le preguntaría cómo le había ido. Tenía tanto temor a esa pregunta que tomó el camino largo a casa. El sexo estaba carcomiendo su iglesia, y parecía no haber manera de detenerlo.

— — —

Entonces, ¿cuál es tu historia? Probablemente estás leyendo este libro porque, tal como yo, te preocupa. Lo más probable es que estés preocupado porque, en medio del embate de todo lo que nuestra cultura afirma sobre el sexo, tú quieres pensar en este tema de una manera claramente bíblica. O tal vez estás preocupado porque estás criando hijos en una cultura sexual que, francamente, te espanta. Quizás conoces a personas que se han metido en algún tipo de problema sexual, y quisieras entender qué están pasando y cómo ofrecerles ayuda que les resulte verdaderamente útil. Tal vez eres pastor, y quieres enseñarle bien a tu gente sobre un área de la vida que la iglesia no suele abordar de manera directa y clara. Quizás estás luchando con el pecado sexual en tu propia vida, y te sientes derrotado y sin esperanza.

Si estás en cualquiera de estas situaciones, esto es lo que necesitas comprender: vives en un mundo profundamente quebrantado que sencillamente no funciona como Dios quiso. Si quieres entender la naturaleza del pecado sexual, o si deseas desarrollar una cosmovisión bíblica del sexo, debes incluir este hecho. Ahora, tal vez estés pensando que esta es una manera terriblemente negativa de empezar un libro sobre sexo, pero aquí tienes mi respuesta: nunca entenderás plenamente nuestra profunda lucha con la sexualidad humana a menos que primero entiendas el contexto o el ámbito en el cual ocurre esta lucha.

Y ahora, la mala noticia

No se me ocurre una descripción más vívida, sincera, perspicaz y esperanzadora del estado presente del mundo en el que vives, y de cómo afecta las áreas de la vida como la sexualidad humana, que Romanos 8:18-39. A continuación, verás una cita larga, pero tómate el tiempo de leerla completa. A medida que nuestro debate prosiga, te felicitarás por haberlo hecho.

> De hecho, considero que en nada se comparan los sufrimientos actuales con la gloria que habrá de revelarse en nosotros. La creación aguarda con ansiedad la revelación de los hijos de Dios, porque fue sometida a la frustración. Esto no sucedió por su propia voluntad, sino por la del que así lo dispuso. Pero queda la firme esperanza de que la creación misma ha de ser liberada de la

corrupción que la esclaviza, para así alcanzar la gloriosa libertad de los hijos de Dios. Sabemos que toda la creación todavía gime a una, como si tuviera dolores de parto. Y no solo ella, sino también nosotros mismos, que tenemos las primicias del Espíritu, gemimos interiormente, mientras aguardamos nuestra adopción como hijos, es decir, la redención de nuestro cuerpo. Porque en esa esperanza fuimos salvados. Pero la esperanza que se ve ya no es esperanza. ¿Quién espera lo que ya tiene? Pero, si esperamos lo que todavía no tenemos, en la espera mostramos nuestra constancia.

Así mismo, en nuestra debilidad el Espíritu acude a ayudarnos. No sabemos qué pedir, pero el Espíritu mismo intercede por nosotros con gemidos que no pueden expresarse con palabras. Y Dios, que examina los corazones, sabe cuál es la intención del Espíritu, porque el Espíritu intercede por los creyentes conforme a la voluntad de Dios. Ahora bien, sabemos que Dios dispone todas las cosas para el bien de quienes lo aman, los que han sido llamados de acuerdo con su propósito. Porque a los que Dios conoció de antemano, también los predestinó a ser transformados según la imagen de su Hijo, para que él sea el primogénito entre muchos hermanos. A los que predestinó, también los llamó; a los que llamó, también los justificó; y a los que justificó, también los glorificó.

¿Qué diremos frente a esto? Si Dios está de nuestra parte, ¿quién puede estar en contra nuestra? El que no escatimó ni a su propio Hijo, sino que lo entregó por todos nosotros, ¿cómo no habrá de darnos generosamente, junto con él, todas las cosas? ¿Quién acusará a los que Dios ha escogido? Dios es el que justifica. ¿Quién condenará? Cristo Jesús es el que murió, e incluso resucitó; y está a la derecha de Dios e intercede por nosotros. ¿Quién nos apartará del amor de Cristo? ¿La tribulación, o la angustia, la persecución, el hambre, la indigencia, el peligro, o la violencia? Así está escrito:

«Por tu causa siempre nos llevan a la muerte; ¡nos tratan como a ovejas para el matadero!»

Sin embargo, en todo esto somos más que vencedores por medio de aquel que nos amó. Pues estoy convencido de que ni la muerte ni la vida, ni los ángeles ni los demonios, ni lo presente ni lo por venir, ni los poderes, ni lo alto ni lo profundo, ni cosa alguna en toda la creación podrá apartarnos del amor que Dios nos ha manifestado en Cristo Jesús nuestro Señor. (Rom. 8:18-39)

Este pasaje impactante y oscuro es también uno de los más gloriosamente útiles y llenos de esperanza del Nuevo Testamento. El apóstol Pablo desentraña aquí el ambiente en el cual todos vivimos, entre lo que ya pasó y lo que todavía no ha llegado. Toma nota de la suposición fundamental que enmarca todo lo demás que afirma en el pasaje (v. 18). Pablo da por sentado que el sufrimiento es la experiencia universal de todos los que viven entre lo que ya sucedió y lo que no ha llegado aún. Si empiezas a prestar atención, te darás cuenta de que tú y yo nunca vivimos ni un día sin experimentar alguna clase de sufrimiento. El sufrimiento no indica que algo extraño y ajeno nos esté sucediendo. El sufrimiento no es una señal de que nos hayan señalado para el abuso. El sufrimiento no es un indicio de una falla en el gobierno de Dios, en Su plan ni en Sus promesas. Es la experiencia natural para cualquiera que vive donde tú y yo vivimos. En vez de asombrarnos cuando los problemas y las dificultades lleguen a nuestras vidas, debería sorprendernos lo bien que funciona este mundo, dada su condición.

Si el sufrimiento es la experiencia de toda persona, entonces deberías esperar que el sufrimiento impacte tu sexualidad. Sufrirás la realidad de que aquí mismo, ahora mismo, el sexo no funciona de la manera en que Dios lo diseñó. Enfrentarás la redefinición, la distorsión y el mal uso del sexo. Sufrirás la tentación de llevar tu vida sexual fuera de los límites claros que Dios estableció. Sufrirás porque la tentación sexual te tomará desprevenido en el centro comercial, en la computadora, mientras miras Netflix o, tristemente, incluso cuando estás haciendo una búsqueda en Google en el teléfono. Sufrirás porque las mujeres exhiben su cuerpo en público o porque los hombres tratan a las mujeres como poco más que un juguete físico para su placer. Sufrirás las penurias de intentar proteger a tus hijos de toda clase de peligro sexual que hay por ahí, mientras te esfuerzas por mantener tu propio corazón en pureza. Como sabes que hay toda clase de tentaciones seductoras, sufrirás problemas de confianza con las personas que amas. Algunos de nosotros sufriremos abuso sexual, y otros sufrirán el agotamiento que surge de intentar mantener el corazón puro. Sufrirás malentendidos y burlas mientras intentas permanecer dentro de los límites de Dios, en una cultura que se ríe de la idea de límites sexuales. Pablo da por sentado que sufriremos, y si tiene razón (y por cierto la tiene), ese sufrimiento incluirá nuestra sexualidad.

¿Por qué Pablo da por sentado que sufriremos? Descuenta el sufrimiento porque entiende la condición del mundo en el cual Dios ha decidido que vivamos (vv. 19-25). Con una terminología gráfica y provocadora, Pablo quiere que entendamos que Dios ha decidido mantenernos ahora en un mundo terriblemente roto, uno que no funciona de la manera en que Él quiso. Una vez más, nuestro domicilio actual no es ninguna interrupción ni falla del plan de Dios para nosotros. Pablo capta el quebrantamiento de nuestro mundo al afirmar que «toda la creación todavía gime». Imagina al anciano cuyo cuerpo está viejo y roto, y para el cual algo tan simple como levantarse de una silla, agacharse para levantar algo o dar unos pocos pasos lo hace gemir de manera audible. Ese es nuestro mundo. Ya nada es sencillo. Todo está afectado por el quebrantamiento. No hay lugar ni situación ni sector del mundo que no gima.

Si no entiendes tu domicilio, vivirás con toda clase de expectativas irreales, y serás demasiado ingenuo respecto al sinfín de tentaciones que te reciben todos los días. Y como tu comprensión y las expectativas de tu ámbito no son realistas, estarás funcionalmente mal preparado para las luchas que enfrentarás de manera inevitable. Lo mejor es que entiendas —y que ayudes a entender a los que tienes a tu cuidado— que todo el aspecto sexual de nuestro mundo gime con un quebranto triste y amplio. Y lo mejor es que entiendas que el quebrantamiento no vive tan solo afuera, sino también dentro de ti. Es importante comprender esto, porque el quebrantamiento interior te enganchará con las tentaciones sexuales del exterior.

Eres un ser sexual, pero ese aspecto de tu humanidad no vive en un mundo sexualmente sano, sino en uno que está profundamente roto, y eso cambia todo. En este momento, ¿en dónde está gimiendo tu vida sexual? En este momento, ¿en qué estás enfrentando el caos del mundo sexual que te rodea?

Hay un aspecto más de la descripción de Pablo de nuestro quebrantamiento y del caos del mundo que nos rodea. Él afirma que este mundo roto está aguardando la redención. Los gobiernos no pueden arreglar lo que se ha roto, las instituciones de alta educación no pueden repararlo, tampoco los médicos. Este mundo y todo su caos gimen pidiendo una sola cosa: un redentor. Ese redentor es Cristo, cuyo perdón y gracia transformadora son la única esperanza para nosotros, para nuestro mundo y para nuestro caos sexual.

Hay tal vez pocas áreas de nuestra vida que nos prediquen tan fuerte sobre nuestra necesidad de redención como nuestra lucha constante con el sexo. En lo que se refiere al sexo, las promesas que nos hacemos a nosotros mismos y que les hacemos a los demás suelen ser efímeras. Nuestro compromiso con la pureza de corazón y de manos tiende a debilitarse frente a la tentación. No hace falta demasiado para que nuestros ojos y nuestros deseos pierdan el rumbo. En el ámbito sexual, somos confrontados con la verdad de que nunca seremos justos por nuestra propia cuenta. El sexo nos predica a todos que necesitamos gracia, profunda y desesperadamente.

Por fortuna, en este pasaje, el quebrantamiento del mundo no es lo que domina el debate de Pablo, sino la gracia. De una manera poderosa y práctica, Romanos 8:18-39 nos señala el único lugar donde podemos encontrar ayuda y esperanza para nuestro caos sexual. La gracia nos ofrece lo que no podemos hacer por nuestra cuenta. La gracia nos ofrece algo que los cambios de situación, de ubicación y de relación jamás nos darán. Hay gracia para cada aspecto del caos sexual en nosotros y alrededor de nosotros, y esa es sin duda la buena noticia de este pasaje.

La mejor noticia de todas para nuestras luchas sexuales

La pregunta que supone la oscura sinceridad sobre nuestro domicilio actual —identificado en Romanos 8—, es la siguiente: ¿Qué nos da Dios para enfrentar nuestros inevitables sufrimientos y luchas? La respuesta absolutamente gloriosa de Romanos 8 es que Dios no nos da esto o aquello para ayudarnos. No, nos da lo único que puede proveer realmente el rescate, la sabiduría y la fortaleza que necesitamos. ¿De qué se trata? ¡Me encanta decirlo! El regalo más precioso y valioso de Dios para nosotros entre lo que ya sucedió y lo que no ha llegado aún es el regalo de sí mismo. No nos promete una vida libre de luchas. No nos promete que no sufriremos. No nos promete que nuestra sexualidad estará libre de distorsión o tentaciones. No, nos promete que, en todas esas situaciones, estará con nosotros, en nosotros y a favor de nosotros. Dios *es* la gracia que nos ofrece.

Es más, este pasaje conlleva una de las definiciones más poderosas y concisas de la presencia y la gracia de Dios que jamás encontrarás. Está allí en el versículo 31: «Si Dios está de nuestra parte, ¿quién puede estar en contra nuestra?» ¿Dónde se puede encontrar esperanza para una vida saludable, piadosa y moralmente pura? Aquí tienes la respuesta en cinco maravillosas palabras: *Dios está de nuestra parte*. Permite que esto haga eco en tu mente: *Dios está de nuestra parte*. Permite que resuene en tu corazón: *Dios está de nuestra parte*. Permite que modele tu manera de pensar sobre cómo vivir la sexualidad como Dios quiere en un mundo que lo ignora y que rechaza Su plan sabio y amoroso. Permite que estas palabras te alienten en medio de la confusión, los malos entendidos y la tentación. Permite que te den esperanza cuando te sientas derrotado por la tentación sexual. Nunca somos nosotros contra el gigante del seductor atractivo sexual, porque por la gracia divina, Dios realmente está de nuestra parte.

Así que Romanos 8 no solo nos alerta sobre el mundo roto y sufriente en el cual vivimos, sino que nos señala la presencia de Dios con nosotros y la gracia que Él nos ofrece. Examinemos esta gracia.

1. *La gracia de Dios suele ser una gracia incómoda* (Rom. 8:18-25). Las dificultades que enfrentamos aquí y ahora no son una señal de que Dios nos ha abandonado o se ha olvidado de nosotros. Él sabe dónde nos ha colocado. Nos ha puesto aquí porque Su objetivo no es nuestra comodidad, sino nuestro corazón. Es importante que abracemos la teología de la gracia incómoda, porque entre lo que ya sucedió y lo que todavía no llegó, la gracia de Dios llega a nosotros de maneras incómodas. Observa que, en la descripción del apóstol de nuestro mundo que gime, están las palabras «esperanza» y «redención». En las manos de nuestro Redentor, este mundo roto y sufriente se transforma en una herramienta de Su gracia transformadora, que refina y cambia nuestro corazón. Dios usa el caos sexual que nos rodea para poner en evidencia nuestro corazón errante. No, jamás nos tentará a pecar, pero usará el caos sexual de nuestro ambiente para llevarnos a seguirlo con mayor profundidad y consistencia. Él puede y está dispuesto a transformar lo que está roto y gime en una herramienta de Su gracia.

2. *La gracia de Dios es una gracia que interviene* (Rom. 8:26-27). A veces, la batalla es tan grande, tan desalentadora y tan emocionalmente abrumadora que ni siquiera sabes cómo orar. Volviste a caer y te concentraste en aquello que Dios prohíbe, o usaste tu cuerpo para

lo que Dios ha prohibido, y te sentiste derrotado. Este pasaje expresa que, en esos momentos, cuando la debilidad es tan grande y estás perturbado y confundido —tanto es así que no sabes cómo orar—, Dios no te da la espalda. No, todo lo contrario. El Espíritu Santo, que vive en tu interior, lleva tus gemidos indecibles en palabras de gracia al Padre. Él interviene por ti cuando ya no tienes fuerza ni la capacidad de intervenir por ti mismo.

3. *La gracia de Dios es una gracia imparable* (Rom. 8:28-30). Un sin-número de personas me ha dicho en sesiones de consejería: «Creo que he caído demasiado lejos. Me parece que he querido hacer las cosas a mi manera demasiado, y a veces, creo que mi vida está en un estado tan deplorable porque Dios se ha dado por vencido conmigo». Es una mentira cruel del enemigo que Dios podría darse por vencido con uno de Sus hijos comprados con sangre. Como mi vida sexual pone en evidencia el corazón errante que tengo, necesito saber que el corazón de mi Redentor jamás, jamás perderá el rumbo. Esto es exactamente lo que nos dicen estos versículos, que Dios terminará sin duda la obra de gracia que ha comenzado en cada uno de nosotros. Su gracia nunca está en riesgo. Su gracia nunca está en peligro. Su gracia nunca queda vacante. Su gracia nunca vacila. Este es el mensaje vital de estos versículos: *La gracia que recibes hoy es la expresión presente de un plan que se estableció con firmeza antes de que se pusieran los cimientos de este mundo.* Nada ni nadie puede detener el movimiento de esta gracia.

4. *La gracia de Dios es una gracia que provee* (Rom. 8:31-32). Me encanta la lógica de estos versículos. Si Dios fue al extremo de dirigir fuerzas de la naturaleza y controlar los sucesos de la historia humana para que, justo en el momento adecuado, Su Hijo viniera y viviera, muriera la muerte que nos correspondía y resucitara, conquistando el pecado y la muerte, ¿qué sentido tendría que nos abandonara en el camino? La cruz es nuestra garantía de que, en todas nuestras luchas con el sexo, sin importar quién seamos ni cuáles sean esas luchas, Dios nos dará todo lo que necesitamos. Si nos dio voluntariamente

a Su Hijo, podemos estar seguros de que, con gusto, suplirá lo que nosotros no podemos suplir.

5. *La gracia de Dios es una gracia inseparable* (Rom. 8:33-39). Por último, en caso de que quede cualquier duda sobre la presencia y la confiabilidad de la gracia divina, Pablo nos asegura que nunca encontraremos ni lucharemos con algo que tenga el poder de separarnos del amor de Aquel que nos bendice tan generosamente con Su presencia y Su gracia. Este mundo, con toda su distorsión, confusión y seducción sexuales, no puede separarte del amor de Dios. Tu momento más oscuro de divagación y derrota sexual no puede separarte del amor de Dios. Enorgullecerte en tu justicia independiente, cuando te adjudicas el mérito de lo que solo Dios puede producir, no puede separarte del amor de Dios. Su amor es eterno.

Decidí usar Romanos 8:18-39 como el punto de partida de este libro, porque capta de manera bien gráfica el fervor de lo que estás por leer. Romanos 8 es asombrosamente sincero en su descripción del mundo sufriente en el cual vivimos, y maravillosamente expectante sobre las realidades de la presencia de Dios con nosotros y Su gracia para con nosotros. La sinceridad de Romanos 8 no anula su esperanza, y la esperanza no debilita su sinceridad. Y así deberían ser las cosas. Si lo que la Biblia afirma es correcto sobre quién es Dios y lo que nos ha dado en Jesucristo, entonces deberíamos ser la comunidad más sincera sobre la tierra, porque sabemos que todo lo que se sepa o se dé a conocer sobre nosotros ya ha sido plenamente cubierto por Su sublime gracia.

Así que realiza esta travesía de sinceridad y esperanza conmigo. Estoy profundamente persuadido de que es una travesía esencial, porque, como estoy a punto de detallar, nos hemos vuelto más que un poco locos en lo que respecta al sexo.

Para repasar y reflexionar

1. ¿Qué aspecto de nuestra cultura sexualizada te preocupa más? En el ámbito personal, ¿te identificas con alguna de las situaciones hipotéticas del principio del capítulo? A medida que buscas responder esas preguntas, ¿por qué es vital que entiendas la realidad de que «vives en un mundo profundamente quebrantado que sencillamente no funciona como Dios quiso» (pág. 16)?

2. Relee Romanos 8:18-39, el cual Paul Tripp describe como impactante y oscuro, pero también útil y esperanzador (pág. 18). ¿De qué maneras específicas el pasaje representa tanto la oscuridad pecaminosa como una esperanza gloriosa? ¿Cómo informa el pasaje nuestra manera de pensar en la sexualidad?

3. Paul Tripp escribe: «Si no entiendes tu domicilio, vivirás con toda clase de expectativas irreales» (pág. 19). Explica qué quiere decir con esto.

4. ¿Cuál es el regalo más precioso que Dios nos da para vivir en nuestro mundo roto?

5. Paul Tripp arroja luz sobre la gracia que Dios nos ofrece. Indica dónde has visto en tu vida los aspectos particulares de esta gracia:

   • una gracia incómoda

   • una gracia que interviene

- una gracia imparable

- una gracia que provee

- una gracia inseparable

Reinicia tu corazón
- Romanos 8:18–39

2

Perdón, pero nos hemos vuelto locos

Ella tiene trece años, y no puede parar de pensar ni de hablar en el inminente desarrollo de sus pechos. Para ella, ser mujer tiene que ver con el tamaño de los pechos.

Ella tiene quince años, y es una experta autodesignada en lo que se refiere al sexo oral. No se percibe solo como alguien informada, sino también con bastante experiencia. Lo que le gusta del sexo oral es que es una manera de practicar sexo que «en realidad no es sexo».

Le he dicho a mi esposa que, durante los meses de verano, es difícil caminar por la calle en el centro de la ciudad de Filadelfia, donde vivimos, y saber para dónde mirar, porque hay demasiadas mujeres en diversas etapas de desnudez.

Tim tiene 17 años, y de maneras que no percibe, ya ha sido entrenado para ver a las mujeres como objetos cuyo valor está ligado a la belleza física y la forma de su cuerpo.

George está casado y tiene tres hijos; al parecer, tiene un buen matrimonio, pero se masturba al menos una vez al día. Su esposa no lo sabe, pero hace años que esto sucede.

Vinieron a verme después de una conferencia, y traían una mezcla de desconsuelo y furia. Querían saber qué hacer con su hijo, que parecía irremediablemente adicto a la pornografía por internet. Pregunté cuántos años tenía, pensando que estaría en la adolescencia o juventud temprana. Para mi asombro, y abriéndose paso a través de su vergüenza, el padre me dijo: «Ocho años». ¡Ocho! Permite que decante. ¡Ocho!

En una conferencia en Sudáfrica, me preguntaron si podían almorzar conmigo. Después de comer, me contaron su historia. Su hijo, un aspirante a pastor y recién casado, había estado teniendo relaciones sexuales con una universitaria del ministerio estudiantil del cual él era responsable.

En las grandes ciudades del mundo, se te considera un intolerante irremediablemente anticuado si no piensas que el matrimonio del mismo sexo no solo es una idea maravillosa sino también un derecho civil.

Hoy en día, influidores culturales poderosos nos dicen que el género no es una realidad biológica fija, sino más bien una construcción cultural.

Casi no se puede mirar un video, un anuncio de autos, o escuchar una canción popular sin que se ataquen tus valores morales. Sandra tiene 20 años, y su definición de ropa linda y a la moda es aquella diseñada para mostrar el cuerpo. Su ropa suele ser ajustada, corta y a menudo con mucho escote. Es una cristiana que, en muchos sentidos, toma en serio su fe.

Él me pidió consejo porque sabía que estaba en problemas. Literalmente, acosaba a las mujeres después de sus clases vespertinas de seminario. Se quedaba dando vueltas en la cafetería y seguía a las mujeres más atractivas hasta sus casas, por supuesto, sin jamás dejarles saber lo que hacía.

¿Cuántos maestros y entrenadores han terminado arrestados por tener relaciones sexuales con los alumnos que se les habían confiado a su cuidado?

Hay sitios web que conectan a las personas que quieren ser infieles, con otras que desean lo mismo.

Una escuela secundaria de la ciudad abre una guardería junto al edificio escolar por la cantidad de alumnas que tienen hijos.

Hay tantas personas que envían fotografías sexualmente explícitas como mensajes de texto en sus teléfonos celulares, que la palabra *sexteo* se ha vuelto parte del vocabulario moderno.

La pornografía cibernética es el motor económico más poderoso de la red informática mundial.

— — —

El sexo: no hace falta que busques demasiado para ver que estamos en grandes problemas. Las noticias están plagadas de escándalos sexuales a diario. El contenido de los tabloides es suficiente como para alertarnos de la realidad de que algo ha salido terriblemente mal. Es difícil escuchar algún debate cultural sobre el sexo que no esté infectado con autoengaño o con una distorsión de la realidad. El sexo no puede cumplir con la promesa que pensamos que hace, y es más peligroso de lo que creemos. Tristemente, hoy en día, esta hermosa creación de Dios funciona en la cultura que la rodea como un solvente espiritual que carcome el tejido mismo de la comunidad humana. Tiene un poder perverso de dominar tu corazón y, al hacerlo, determinar también el rumbo de tu vida. Proporciona la emoción de tener el control durante un tiempo, mientras que se transforma en el amo que va encadenándote a su control. Te ofrece una sensación interior de bienestar, aunque no tiene ninguna capacidad de satisfacer tu corazón. Te seduce con la posibilidad de placeres que generan satisfacción, pero te deja vacío y con ganas de más. El sexo exhibe la posibilidad de que por fin quedarás satisfecho pero, en cambio, hace que envidies a quienquiera que tenga algo superior a lo tuyo. Te vende la mentira de que el placer físico es el camino a la paz espiritual. El sexo es la obra de las manos del Creador, pero suele prometerte lo que solo el Creador puede cumplir. Es hermoso en sí mismo, pero se ha vuelto distorsionado y peligroso debido a la caída.

Con todo este torbellino girando a nuestro alrededor y en nuestro interior, la iglesia de Jesucristo ha permanecido extrañamente callada y reticente. Parecemos abordar el sexo con una timidez, reserva y vergüenza que no tiene ningún sentido personal, cultural ni bíblico. Los pastores suelen mostrarse demasiado reticentes a la hora de enseñar y predicar sobre el tema del sexo. Mientras tanto, el mundo que nos rodea parece no poder dejar de hablar de ello.

Los padres cristianos parecen no hacer un buen trabajo al discipular a sus hijos e instruirlos en lo que significa ser seres sexuales que honren a Dios. ¿Cuántos padres hacen algo más que tener una charla escalofriante y embarazosa sobre el sexo y alegrarse una vez que terminó, con la determinación de no volver a hablar jamás del tema? ¿Cuántos jóvenes de hogares cristianos están luchando con preguntas, confusión y tentaciones, pero ni se les ocurriría pensar en buscar la ayuda y la sabiduría de sus padres avergonzados y callados? ¿Cuántos padres proporcionan un lugar permanente, seguro, misericordioso y acrítico para que sus adolescentes hablen de sexo, sabiendo que las preguntas y las tentaciones de un adolescente de 13 años difieren de las de uno de 15 y de las de uno de 18? Mientras tanto, las obsesiones y las distorsiones de una cultura adicta son llevadas con poder ante los ojos, los oídos e incluso los corazones hasta de los cristianos más conservadores, a través de medios globales e intrusivos que son prácticamente imposibles de evitar.

No obstante, Dios, en Su gran sabiduría, para Su gloria y para nuestro bien, ha escogido colocarnos en un mundo donde el sexo es una parte significativa de la experiencia humana. El tema del sexo es importante e inevitable porque Dios, con sabiduría y amor, decidió que así lo fuera. Como el sexo es una creación de la mano de Dios y existe bajo el control de Su soberanía, deberíamos abordarlo con reverencia y asombro, no con vergüenza y timidez. El sexo vino de Su parte, le pertenece y sigue existiendo a través de Él... a Él sea la gloria.

Dios también ha decidido que vivamos en un mundo donde las mentiras, los engaños, las distorsiones y las tentaciones del sexo abundan. Tu domicilio no es ningún error divino. Tu contacto con las variadas dificultades de la vida en este mundo caído, con todos sus engaños y tentaciones, no entorpece el plan de Dios; es Su plan. Aquí mismo y ahora mismo, Él te tiene exactamente donde quiere que estés. Sabe precisamente lo que estás enfrentando. No está intentando eludir ni tapar ningún craso error divino. No está retorciéndose las manos con ansiedad celestial. Con atención y sabiduría, ha escogido que vivas exactamente donde vives, sabiendo bien lo que enfrentarías. Todo esto fue hecho con conocimiento y propósito divinos.

Así que no podemos actuar respecto al sexo como si estuviéramos indefensos, o será imposible prepararnos para lo que inevitablemente enfrentaremos. No podemos permitirnos pensar que estamos solos en la lucha. No podemos permitirnos vivir como monjes evangélicos modernos, como si la separación del mundo fuera la clave para la verdadera justicia. Y no podemos dejarnos adormecer o intimidar para que nos callemos en un área tan crucial de la existencia humana, sobre la cual el Creador ha hablado con poder y claridad. Además, no debemos olvidar las verdades del evangelio de Jesucristo, que ponen en evidencia las mentiras y otorgan libertad. Es vital que recordemos que la gracia del Señor Jesucristo trata no solo con nuestra necesidad de perdón en el pasado o con nuestra esperanza futura, sino también con todo lo que enfrentamos aquí y ahora. Este evangelio es lo que provee el único diagnóstico confiable en lo que se refiere al sexo, y como tal, el evangelio también nos otorga la única cura verdaderamente eficaz. El evangelio tiene el poder de hacernos sabios en cuanto al sexo, de mantenernos protegidos y de ser audaces respecto a él, de no estar más dispuestos a que la timidez y el temor nos mantengan al margen. El evangelio nos concede todo lo que necesitamos para celebrar y participar de la sexualidad humana de una manera que honre a Dios, y para disfrutar plenamente de todo lo bueno que nos ha dado.

¿Por qué este libro ahora?

Las personas me preguntan constantemente en qué estoy trabajando o qué escribiré a continuación. La primera pregunta siempre va acompañada de una segunda: «¿Por qué ahora?». Y, sin duda, muchos se han mostrado intrigados cuando les he dicho que estoy trabajando en un libro sobre el sexo. Les interesa por qué escogí este tema, entre todos los temas que podría abordar, y me preguntan qué veo que me motive a escribirlo ahora. Mientras pensaba en esto durante los últimos meses, me venían a la mente una y otra vez tres palabras, y constituyen mi mejor respuesta a la pregunta. Las palabras son *locura, adicción* y *gloria.*

Locura

Locura: no, no la mía, sino la de la cultura. Estoy profundamente persuadido de que, en lo que se refiere al sexo, nos hemos vuelto culturalmente locos. El grado de delirio funcional, de autoengaño y de autodestrucción que acompañan la manera en que lo abordamos es simplemente absurdo. No debemos ir muy lejos para ver que nos hemos vuelto locos en cuanto al sexo. Lo hemos colocado en un lugar que nunca tendría que haber tenido, pero al parecer, no hemos visto el peligro. Nuestros hijos están sexualizados antes de recibir la educación adecuada. Mientras estaba sentado en un agradable restaurante, me vi obligado a escuchar descripciones gráficas de «amor» sexual, que se suponían que eran parte de la música de fondo del ambiente. Tuve que arrancar páginas de revistas y colocar la computadora familiar en un lugar público en nuestra casa para proteger a mis ingenuos hijos, a quienes se los alentaba a sentir lujuria antes de que supieran que eran seres sexuales. Hay pocas cantantes de pop que pueden resistir las poderosas exigencias de desnudarse y realizar rutinas de baile que son poco más que simulaciones bien orquestadas de un acto sexual. Sin duda, les enseñamos mejor a nuestras niñas cómo estar a la moda que cómo ser pudorosas y puras. Es más, las palabras *pudorosa* y *pura* parecen extrañamente raras y anticuadas en la cultura de hoy. Nos va mejor a la hora de decirles que no a nuestros hijos en cuanto a cuestiones inadmisibles que a la hora de enseñarles a ser buenos mayordomos de los deseos de su corazón y de las funciones de su cuerpo.

A las jovencitas de hoy les preocupa más la belleza de sus rostros y la forma de sus cuerpos que la calidad de su carácter. Nuestros héroes suelen ser personas jóvenes, ricas y sexis, en vez de los héroes en el sentido clásico de lo que denota la palabra. Para las jóvenes, su identidad depende de la forma de su nariz, el relleno de sus labios y el tamaño de sus pechos. Nos evaluamos unos a otros con términos como *picante* y *delicioso* (se parecen más a descripciones de un chocolate). El lenguaje sexual gráfico se ha vuelto aceptable (y común) en el vocabulario de la televisión de horario de máxima audiencia. La pornografía no está restringida a vecindarios bajos y a los pasillos oscuros de edificios en ruinas. No, existe en los sitios de internet convencionales que están a una búsqueda de distancia en Google de cualquiera que tenga una computadora y los conocimientos más básicos de computación.

Mira a tu alrededor. Escucha con atención. Dedica tiempo a evaluar y a considerar. Examina los verdaderos deseos de tu propio corazón.

Estamos en problemas porque, en este lugar importante de la vida, lo que la comunidad humana suele considerar normal no es para nada normal. Es una trama de grados cada vez más profundos de locura. Y en medio de la locura, hay tan solo una ventana a través de la cual podemos mirar el mundo del sexo y verlo con franqueza, claridad y sabiduría. Esta ventana es el evangelio del Señor Jesucristo. Y hay solo una cosa que puede librarnos de la locura que, de alguna manera y algún modo parece atraparnos a todos en algún momento. Es la gracia de aquel mismo evangelio. Verás, la verdad aleccionadora es que, en lo referente al sexo, no tenemos un problema con *algo*; ese algo (el sexo) no es malo en sí mismo. Tampoco tenemos un problema ambiental, como si nuestro entorno causara la dificultad. No, nosotros somos el problema. La realidad contraria a toda expectativa lógica es que tan solo el mal que hay en nuestro interior nos atrae como un imán y nos conecta con el mal que está fuera de nosotros. Como somos el problema, en realidad tenemos un problema. Podemos correr de algo, podemos cambiar una relación, podemos mudarnos a un lugar diferente, pero no podemos escapar de nosotros mismos. No, necesitamos rescate, y como necesitamos rescate, precisamos a un rescatador que sea sabio, poderoso, fiel y que esté dispuesto. Ese rescatador es el Señor Jesucristo. Él está dispuesto, es sabio, capaz y no nos abandonará en nuestro momento de necesidad.

Adicción

Hay una segunda palabra que me motivó a escribir este libro: *adicción*. La dinámica de la adicción es que, si buscas en algo que Dios creó aquello que no fue diseñado para darte, te desalentarás rápidamente y abandonarás con sabiduría esas esperanzas, o volverás a ello una y otra vez, y al hacerlo, empezarás a transitar el camino de la adicción. Esa cosa creada te dará una sensación temporaria de euforia, te ofrecerá placer temporal, proporcionará una sensación momentánea de bienestar, te hará sentir brevemente que eres algo, y quizás incluso haga que tus problemas no parezcan tan graves por ahora. Es todo muy embriagante. Te hace sentir genial. El problema es que la cosa creada a la que acudes no tiene la capacidad de satisfacer tu corazón. No fue diseñada para hacerlo. No puede darte paz interior. No puede darte el descanso de contentamiento para el corazón. No puede satisfacer tus anhelos. En resumidas cuentas, no puede ser tu salvadora. Y si buscas fuera del Salvador encontrar algo que te salve, eso mismo terminará siendo tu amo y no tu salvador.

Te encantará el breve estímulo, pero detestarás lo poco que dura. Así que deberás volver una y otra vez para obtener otra dosis, y al poco tiempo, habrás gastado demasiado tiempo, energía y dinero en algo que no puede satisfacer; pero debido a lo que te ha aportado brevemente cada vez, te has convencido de que no puedes vivir sin ello. Has mordido el anzuelo, y tal vez ni te des cuenta. Aquello que una vez *deseabas*, ahora estás persuadido de que lo *necesitas*, y una vez que lo catalogas como necesidad, te atrapó.

El sexo es poderosamente placentero, pero no puede satisfacer tu corazón. El toque de otra persona estimula tu cuerpo y tu corazón, pero nunca te deja satisfecho. El sexo te conecta de maneras poderosas y dramáticas con otra persona, pero no tiene ninguna capacidad de transformarte en una mejor persona.

Ya sea que lo sepamos o no, todo ser humano vive en busca de un salvador. A todos nos impulsa una búsqueda de identidad, paz interior y alguna clase de significado y propósito. Y todos lo buscamos en alguna parte. En resumen: buscar en la creación lo que solo el Creador puede darte siempre resulta en algún tipo de adicción. Aquello que esperabas que te sirviera termina poniéndote a su servicio. Lo que parecía libertad termina siendo esclavitud. La cosa no es el problema; el problema es lo que esperaste de su parte.

Gloria

Esto lleva a una tercera palabra que yace en los cimientos de este libro. Esa palabra es *gloria*. Como ya he escrito, los seres humanos fueron programados para la gloria. Por eso nos atraen tanto las cosas gloriosas. Nos encanta la gloria de un cuadro maravilloso o de una bella pieza musical. Nos encanta la emoción de un concurso deportivo o de una proeza osada. Nos encanta el ilusionismo de un gran mago o el chisporroteo de un bistec bien sellado. Nos encanta la gloria de un momento de éxito o el reconocimiento de las personas que nos rodean. Nos atrae la gloria de las riquezas o la belleza del cuerpo humano. Tenemos una poderosa orientación a la gloria, y debido a esto, vivimos buscándola.

Los animales no son así. Los rinocerontes no festejan el tamaño de sus cuernos. Los ciervos no se reúnen para el concurso bianual de salto en largo. Las aves no envidian las plumas de otras aves. Los animales no tienen esta orientación a la gloria, porque no fueron hechos para Dios de la misma manera que nosotros. Los seres humanos están programados para la gloria porque están programados para Dios. La orientación a la gloria que está dentro de cada persona está allí para llevarnos a Dios.

Cuando el Señor creó el mundo, lo tiñó de Su gloria. El mundo creado es realmente glorioso porque Dios lo hizo de esa manera. Sin embargo, el mundo creado no posee la *gloria suprema,* la clase de gloria que puede satisfacer tu corazón. La gloria del mundo creado es una gloria *simbólica.* Toda la gloria del mundo creado es un símbolo que nos señala a la única gloria que puede dar descanso y paz a nuestro corazón, la gloria de Dios. Fuimos diseñados para vivir para esa gloria. Pero el problema es el siguiente: perdemos de vista la realidad de que el símbolo no es lo más importante. Está allí para señalarnos lo importante, y al olvidarlo, le pedimos al símbolo que haga algo por nosotros que no puede hacer.

De esta manera, la vida de este lado de la eternidad es verdaderamente una interminable y gran batalla por la gloria. No puede haber algo más importante, nada más importante que cuál gloria gobernará tu corazón, y al gobernar tu corazón, controlar tus pensamientos, tus deseos, tus decisiones, tus palabras y tu conducta. Los seres humanos pecaminosos, al negar funcionalmente la existencia de Dios, se detienen ante el cartel con el símbolo, no les importa hacia dónde apunta y le piden a la señal lo que nunca podrá darles. Y aquello creado, con toda su gloria, no será su salvador; no, probará ser un amo cruel e ignominioso que se lleva mucho pero da muy poco de lo que la persona estaba buscando en realidad. El sexo es algo glorioso, pero fue creado para ser un dedo que señala a una gloria para la cual fuiste diseñado: la gloria de Dios.

Todo es vertical

Si prestaste atención a lo que hablamos hasta ahora, lo que te diré a continuación no debería sorprenderte. Las palabras *locura, adicción* y *gloria* nos señalan a la realidad de que nuestros problemas con el sexo nunca se resolverán de manera horizontal. La locura sexual no es fundamentalmente un problema de situación, ubicación ni relación. Los problemas sexuales no son primeramente problemas de biología ni fisiología. La adicción sexual de la sociedad no existe porque el cuerpo sea un problema. La realidad de que somos seres sexuales no es el problema. Los problemas sexuales no son en primer lugar el problema de los medios modernos. Los problemas sexuales son una cuestión del corazón. Nuestros problemas son profundamente espirituales.

El apóstol Pablo dice algo asombroso en 2 Corintios 5:20. Afirma que Dios nos ha llamado a ser embajadores de un mensaje; en ningún momento debemos abandonar el diagnóstico y la cura de este único mensaje. Este mensaje hace eco de la apelación incesante de Dios. Me refiero a la siguiente: «Reconciliaos con Dios» (RVR1960). Ya ves, todo es algo vertical. La locura que consideramos en forma breve y que este libro desentrañará no es primeramente horizontal, así que no puede arreglarse de manera horizontal. La locura es vertical. Solo cuando Dios esté en Su lugar legítimo, como el Amo indisputable de nuestro corazón, todo lo demás en nuestra vida estará en su lugar adecuado. Cuando otra cosa lo reemplaza, la locura y el caos de alguna clase siempre vienen como consecuencia.

De maneras formativas y prácticas, empezamos a servir a la creación como fuimos creados para servir al Creador, más allá de lo que digamos que creemos. Pero nunca funciona; tan solo nos deja vacíos, aguijoneados e insatisfechos, víctimas de nuestras propias malas decisiones. Lo que esperábamos que nos ayudara terminó atrapándonos en su anzuelo. Y no podemos huir de nuestro problema, porque el problema somos nosotros. Solo cuando vivimos de manera práctica en nuestro interior lo que significa estar reconciliados con Dios, podemos asir las poderosas glorias del mundo creado tal como fueron diseñadas para que las tomemos.

Así que continúa esta travesía conmigo. O tú mismo tienes un problema sexual, o estás cerca de alguien más que lo tiene. O has cedido a la locura, o alguien cerca de ti está loco. Acompáñame a mirar este lugar de locura cultural a través de la ventana perfecta del evangelio de Jesucristo, y experimenta conmigo la sabiduría y la libertad que solo pueden encontrarse allí.

Para repasar y reflexionar

1. Explica por qué «el sexo no puede cumplir con la promesa que pensamos que hace, y es más peligroso de lo que creemos» (pág. 29).

2. ¿Cómo deberíamos nosotros, como cristianos, abordar los debates sobre el sexo? ¿Por qué solemos evitar el tema?

3. ¿Dónde has sido testigo en tu propia vida de la locura sexual que describe Paul Tripp (págs. 32-34)?

4. ¿Cómo hacen las adicciones para apoderarse del corazón humano? ¿Qué añade Romanos 6:12-23 a tu comprensión de adicción?

5. Paul Tripp observa que los seres humanos están «programados para la gloria» (págs. 35-36). ¿Qué quiere decir, y qué impacto tiene esto en tu sexualidad?

Reinicia tu corazón
- 2 Corintios 5:20

3

La peligrosa dicotomía

Las palabras son importantes. Les dan forma y significado a las cosas. Gran parte de lo que piensas, deseas, sabes y eliges ha sido formado por palabras. Las palabras han obtenido una importancia especial para los seres humanos, aunque más no sea porque Dios decidió revelarse a sí mismo en palabras. Conocemos a Dios por Sus obras (la revelación general), pero lo conocemos fundamental y específicamente por Sus palabras (la revelación especial). Si eres creyente, toda tu manera de pensar en ti mismo, en la vida y en el mundo que te rodea ha sido formada por las palabras de Dios, encontradas en las páginas de tu Biblia. En todas las cosas, tu llamado es a vivir dentro de los límites que Dios ha establecido. Pero debes empezar entendiendo la importancia, la trascendencia que define la vida, de las primeras cuatro palabras de la Biblia. Se podría argumentar que no hay palabras más importantes que estas, que todo lo demás en la Biblia está construido sobre el fundamento de la repercusión estruendosa de estas cuatro palabras. No puedes entenderte a ti mismo, no puedes entender la vida, y por cierto no puedes tener una visión equilibrada del mundo del sexo sin entender la cosmovisión de estas cuatro palabras.

Tu Biblia empieza con estas cuatro palabras: «Dios, en el principio» (Gén. 1:1), y con esas palabras, todo en la vida adquiere su forma, su propósito y su significado. Pero, para el propósito de nuestro tema, estas palabras logran algo importante. Destruyen la validez de dividir la vida en lo espiritual y lo secular. Esta división nos ha abierto puertas peligrosas a la hora de pensar en el sexo. Nos ha permitido vivir con una distancia y una disonancia entre nuestro mundo del sexo y los principios y las promesas de la Escritura. Ha hecho que no miremos esta ineludible área de la vida humana desde la posición estratégica del evangelio de Jesucristo. Ha hecho que le restemos valor a la sabiduría práctica de la Escritura y que vayamos en busca de ayuda a otra parte. Ha hecho que no hagamos uso del rescate que solo puede encontrarse en la persona y la obra del Señor Jesucristo. Y nos ha permitido minimizar el grado hasta el cual todo acto sexual es profunda e ineludiblemente espiritual. La manera en la cual participas del sexo siempre revela la verdadera espiritualidad de tu corazón.

Así que quiero tomar el tiempo para desentrañar las repercusiones de aquellas cuatro palabras de Génesis 1:1 y aplicarlas al mundo del sexo. Aquí tienes un resumen de las repercusiones que vendrán: *Un enfoque del sexo centrado en el evangelio que evite la locura de la cultura circundante debe empezar mirando la vida a través de la ventana de la doctrina de la creación.* Las cuatro palabras que dan inicio a la historia bíblica de la creación, «Dios, en el principio», nos llevan a las siguientes cinco repercusiones.

1. Dios existe y es el centro de todas las cosas.

Es aleccionador y significativo darse cuenta de que la historia bíblica no empieza con nosotros. Comienza con Dios. Es importante reconocer que la historia que se desarrolla en las páginas de la Biblia es la historia de Dios. Él es el protagonista. Tiene las líneas más importantes. La atención siempre se centra en Él. La historia se mueve de acuerdo a Su voluntad y según Su plan. Todo es por Él, de Él, a través de Él y acerca de Él. Celosamente, se aferra a Su posición como el centro de todas las cosas. No está dispuesto a abandonar Su posición de autoridad ni a cederle el control a otro. Él es el centro, el más importante y el Señor de la gloria. Tu comprensión de todo en la vida debe empezar aquí.

Tu vida no se trata de ti; se trata de Él. Es vital saber que naciste en un universo que, por su misma naturaleza, es una celebración de Él. Tan solo cuando Él está en el lugar correcto en tu corazón —es decir, en el centro—, todo lo demás en tu vida estará en su lugar y en su equilibrio apropiados. Lo que esto significa en la práctica es que todo existe para Su placer y Su gloria, y no para los tuyos. Así que tú y yo debemos abordar todo de manera que le dé a Dios la gloria que le pertenece. Si te olvidas de Él y de Su gloria, usarás las cosas con un propósito no mayor que el de tu propia gloria, y al hacerlo, harás un uso indebido. Una vez más, reconocer la centralidad de Dios en todas las cosas, y la existencia de todas las cosas para Su gloria, no se trata tanto de ser súper espiritual. Se trata de volver a captar el significado pleno de tu humanidad. Todos los seres humanos fueron hechos para vivir así. Insertarte a ti mismo en el centro de tu mundo es violar la naturaleza misma del mundo, y todas las cosas no fueron diseñadas para operar fundamentalmente de ese modo. Quebrantar el orden y el diseño básicos de la creación nunca termina bien, sin importar de qué dimensión de nuestra vida estemos hablando.

El «yo-ismo» práctico y cotidiano, donde el mundo se reduce a los pequeños confines de tu comodidad, tu placer, tu control, tu felicidad y tu holgura nunca funciona. No funciona porque es contrario a la manera en que tú y el mundo donde vives fueron creados para operar. Verás, sencillamente no se trata de ti, y cuando intentas que así sea, los resultados no son buenos. La autosoberanía que se olvida de Dios es peligrosa para ti y destructiva para tu corazón, y te llevará a usar cosas de una manera para lo cual no fueron creadas. Debido a esto, el «yo-ismo» nunca resulta en una paz, un descanso, una satisfacción y un gozo duraderos.

Cuando te colocas a ti mismo y a tu definición particular de placer en el centro de tu mundo, no solo estás rechazando la sabiduría de Dios y rebelándote contra Su autoridad, sino que también estás buscando tomar Su posición. Pero Dios, en Su celo por Su propia gloria y por tu bien, no dejará Su posición ni te la entregará. Es imposible entender correctamente el mundo del sexo y participar del mismo sin esta perspectiva. Piénsalo.

Nuestro problema con el sexo no empieza con la lujuria, con las malas decisiones ni con la mala conducta sexual. Comienza cuando olvidamos que Dios debe estar en el centro de esta parte de nuestras vidas, al igual que en cualquier otra. Cuando tu mayor motivación para el sexo es tu propia satisfacción, ya estás en problemas en lo sexual, aunque todavía no lo sepas. *¿Cómo has solido colocarte en el centro de tu mundo de sexualidad?*

Ya sea que lo reconozcas funcionalmente o no, en el epicentro de tu mundo sexual, existe un Dios con un poder, una gloria y una gracia asombrosos. El sexo está en su lugar indicado en tu corazón y la vida siempre comienza al reconocer que Él está en el centro.

2. Dios es el creador y el dueño de todo lo que existe.

Mis palabras aquí: «Dios es el creador y el dueño de todo lo que existe» fueron escogidas con cuidado. No se puede tener la primera palabra (creador) sin la segunda (dueño). El concepto de creación siempre conlleva los conceptos resultantes de diseño y propiedad. Tal vez, las dos preguntas más importantes que se pueden hacer sobre cualquier cosa en tu vida son: *¿Cuál fue el propósito del Creador para esto cuando lo creó?* y *¿qué implicaría para mí reconocer la propiedad del Creador sobre esto mientras lo uso en mi vida diaria?* Como tú y yo somos criaturas y no el Creador, no tenemos derecho de relacionarnos con nuestra vida y con las cosas que hay en ella como si fuéramos los dueños y los diseñadores. Cuando actúas como si cada función de tu cuerpo te perteneciera, estás olvidando al Creador y te estás metiendo en problemas.

Es importante entender lo siguiente: los seres humanos fueron diseñados para ser administradores residentes del mundo creado que le pertenece a Dios. Dios hizo el hermoso jardín del Edén y era suyo; allí colocó a Adán y a Eva, y les mandó que vivieran en él y que cuidaran el jardín que había creado y que le pertenecía. Ellos no eran los dueños de lo que se les había encomendado. No hacían las reglas. No tenían voz ni voto en cuanto al propósito de sus propias vidas y de todo lo demás. Estaban allí para reconocer la propiedad de Dios al cumplir Su propósito.

Estas perspectivas me resultan sumamente convincentes. Cuando pienso en la intimidad física con Luella, ¿soy consciente de que, en ese momento, mi cuerpo y mi sexualidad le pertenecen al Señor? Seamos sinceros... esta forma de pensar no nos resulta intuitiva. Es natural que nos impulse el deseo sexual, olvidando que hay Alguien a quien le pertenece todo aspecto de nuestra sexualidad.

Me temo que nuestra manera de pensar en estas áreas no ayuda porque hemos reducido nuestra relación con el sexo a una serie de reglas. Sin embargo, las reglas de Dios no son arbitrarias. No son tan solo una serie de abstracciones morales inconexas. Cuando se las presenta de esa manera, no tienen ningún sentido. Las reglas de Dios están arraigadas en una relación. Solo en ese contexto obtienen su racionalidad y su belleza. Verás, fuimos diseñados para relacionarnos con Dios, una relación en la cual reconoceríamos cada día Su posición como nuestro Creador y nuestra posición como Sus criaturas. Todas las reglas divinas son un derivado, una expresión o una aplicación de aquello para lo cual fuimos creados: la relación con Él. Esta relación debía formarse mediante un amor devoto y una obediencia alegre. Celebrar la existencia, la sabiduría, el poder y la gloria de Dios significa que no tenemos quejas sobre permanecer dentro de Sus límites.

Esto significa que no se puede tener una conversación sensata sobre la disfunción sexual de la cultura humana al hablar simplemente de las evidencias de su locura sexual. Se puede reconocer y criticar la disfunción solo cuando se la examina desde la perspectiva de la propiedad, del propósito y del diseño. Cualquier principio que se le podría aplicar al sexo, por más sabio que sea, tiene sentido solo frente a la realidad de que había un propósito para toda la creación en la mente del Creador. Conocer la mente de Dios es conocer Su propósito, y conocer Su propósito es entender cómo debe usarse el sexo, y conocer cómo debe usarse el sexo te permite entonces reconocer y criticar su mal uso.

Hay algo más que es necesario enfatizar aquí. Es importante entender que la vida *de propiedad,* donde uno vive como si la propia vida y todo lo que hay en ella le perteneciera, nunca trae como resultado el descanso, el gozo, la paz, la felicidad y la satisfacción que todo ser humano busca. Tan solo necesitamos la historia impactante y triste de la desobediencia en el jardín para saber adónde conduce la vida de propiedad. No se puede tener la paz en el corazón que todo el mundo busca y quebrantar el principio fundamental del universo; es decir, la centralidad de Dios en todas las cosas.

3. Como Dios es espíritu, y fuimos hechos a Su imagen y para relacionarnos con Él, toda la vida es espiritual.

Los seres humanos suelen encontrarle sentido a la vida dividiéndola en categorías significativas. Las categorías de política, trabajo, economía, educación, género, sociedad, familia, edad y entretenimiento funcionan como un kit de herramientas conceptuales para nosotros. Escuchas cuál es la categoría y ya sabes de alguna manera general con qué estás lidiando. Esto está muy bien, siempre y cuando tus categorías de orden sean las adecuadas. Las malas categorías pueden llevar a una manera de pensar negligente e insensata, pero algo que es más importante, a una mala manera de vivir. Me temo que esto es lo que ha sucedido con las antiquísimas categorías de *espiritual* y *secular.* No se pueden tomar en serio las primeras cuatro palabras de la Biblia y estar cómodo con dividir el mundo en lo secular y lo espiritual. Ahora bien, sé que hay cuestiones en la vida que son deliberadamente religiosas, y hay actividades que por cierto no lo son. Pero no estamos hablando de eso aquí. Estamos hablando de dividir la vida en cosas que tienen que ver con Dios y cosas que no, o incluso más peligrosamente, en cosas en la vida que le pertenecen a Dios y cosas que te pertenecen a ti. Así que Dios obtiene la parte religiosa, devocional y eclesial de tu existencia, y todo lo demás es secular —es decir, no está necesariamente conectado con la parte espiritual de tu vida—, siempre y cuando, en esas áreas, guardes los Diez Mandamientos.

Las primeras cuatro palabras de la Biblia te alertan inmediatamente a la realidad de que no se puede dividir la vida de esta manera. No se puede sectorizar lo espiritual y lo secular: Dios y lo mío, lo religioso y lo no religioso, la fe y los hechos, o cualquier otra categoría que se pueda usar para separar las cosas que están dirigidas a Dios y las que no. El resultado es una peligrosa esquizofrenia del corazón que produce un caos en la práctica. Como toda la vida fue hecha por Dios, existe a través de Él, está allí para Él y fue diseñada para operar de acuerdo a Su plan. No hay ningún ámbito de tu vida que sea puramente secular. Tu existencia misma como ser humano hecho a imagen de Dios te conecta con Él todo el tiempo. Dondequiera que vayas y en todo lo que hagas, te encuentras con cosas que fueron hechas por Él, y te conectan con Él una vez más. Dios se revela de maneras poderosas en Su creación. Es ineludible. Literalmente, Él es el ambiente en el cual vives. Como ya he dicho muchas, muchas veces, es imposible levantarse por la mañana sin toparse con Dios.

De la misma manera, el sexo no es algo antirreligioso. El sexo es algo profundamente espiritual. Tu relación con tu propia sexualidad y con la sexualidad de los demás siempre revela tu corazón. Tu vida sexual es siempre una expresión de lo que adoras en verdad. El sexo es algo profundamente religioso. En el sexo, te sometes conscientemente a Dios o te estableces a ti mismo como Dios. En otras palabras, el sexo nunca es algo simplemente horizontal. Siempre te conecta con el Dios que creó tu cuerpo, te dio ojos para ver y un corazón que desea, y te dice cómo administrar este aspecto de tu humanidad.

Me temo que hay más de esta dicotomía de lo espiritual contra lo secular dando vuelta en nuestra forma de pensar y abordar la vida de lo que imaginamos. Y una vez que dividimos nuestro mundo de esta manera, tenemos poca defensa contra la locura de la cultura circundante. Vemos esto claramente en un ejemplo que di en el último capítulo: la manera en la cual la mayoría de los padres cristianos les hablan a sus hijos sobre el sexo. En general, tienen una sola conversación sobre cómo está hecho el cuerpo del hombre y de la mujer, y de cómo funciona sexualmente, y después, les dan a sus hijos una lista de reglas. Este enfoque sencillamente no preparara a los jóvenes para defenderse contra el flujo constante de locura sexual al cual se verán expuestos prácticamente hacia dondequiera que miren. Estos padres tienen buenas intenciones, pero no han arraigado el tema de la sexualidad en la realidad de la existencia de Dios, en la gloria de Su amor, Su sabiduría, Su poder y Su gracia, y en la paz, la satisfacción y la seguridad de vivir de la manera en que fuimos diseñados para vivir… para Él. Armados con poco más que un enfoque de «no debo» frente a la sexualidad, sus hijos tienen una protección pobre contra las voces seductoras que les susurrarán al oído constantemente.

Lo único que construye una defensa contra la locura que hay dentro y fuera de nosotros es una visión de la vida que exprese que todo es espiritual porque todo es adoración.

4. Como Dios es el creador y el que controla todas las cosas, solo Él es digno de nuestra adoración.

Ya lo he dicho, pero quiero ampliar lo que significa aquí. Tu mundo sexual es un mundo de adoración. Ahora, estoy seguro que, para muchos lectores, esto requiere algo de explicación. Para muchos de nosotros, *adoración* es una palabra complicada. Solemos pensar en la adoración de maneras restringidas y formales. Pero es importante entender que la adoración es tu identidad como ser humano. Fuiste diseñado para adorar. Esto significa que siempre estarás conectando las esperanzas, los sueños, la paz, las motivaciones, la alegría y la seguridad de tu corazón con algo. Así que no adoras solo los domingos; te vas abriendo camino por cada día de tu vida con la adoración. Tu identidad es la de un adorador; la adoración es lo que haces. Así que el sexo es un acto de adoración de alguna manera. Cuando pienses en la adoración, no te imagines simplemente una actividad religiosa de fin de semana; piensa en un estilo de vida. Permíteme explicar.

La Escritura establece cuatro aspectos del estilo de vida de adoración. Primero, adorar significa *postrarse*. Esta es la parte devocional y afectiva de la adoración. La postura que connotan estas palabras es importante. Al postrarme, me arrodillo ante Dios y le ofrezco el afecto de mi corazón. Le doy el honor que le corresponde. Traigo ante Él la más profunda de las ofrendas, el amor de mi corazón. Me postro ante Su majestad, Su autoridad, Su centralidad y Su santidad. Reconozco que existe y que fui hecho por Él y para Él. Recuerda que, cuando usas el sexo, siempre te estás postrando ante alguien o algo. Es imposible eludir el aspecto de «postración» de esta área significativa de tu vida.

En segundo lugar, adorar significa *obedecer*. Aquí, reconozco la sabiduría y el gobierno de Dios. En obediencia, afirmo que sé que mi vida no me pertenece, que no fui creado para escribir mis propias reglas. La obediencia es adoración en el grado más prosaico. Aquí, estoy sometiendo las decisiones y acciones detalladas de mi vida a la sabiduría y autoridad más grandes de Dios. Así que, en el sexo, decides adorar a Dios sometiéndote voluntariamente a Sus reglas sabias y buenas o escribes tus propias reglas, y al hacerlo, te convences de que eres más inteligente que Dios.

Además, adorar significa *confiar*. Confiar significa colocar voluntariamente tu vida, tu bienestar, tu futuro y tu sentido interior de bienestar en manos de Dios. No se trata solamente de aceptar la realidad de que Él es bueno y Sus caminos son siempre correctos, sino de pensar, desear, hablar y actuar en consecuencia. Tu actividad sexual siempre expresa confianza en alguien o en algo.

Por último, adorar significa *servir*. Aquí, someto el objetivo, los sueños y esperanzas o el plan de mi vida a los planes supremos de Dios. En adoración, abandono mi pequeño reino autosuficiente de una sola persona, donde yo reino como el soberano autodesignado, y entrego el tiempo, la energía y los recursos de mi vida a los planes, los propósitos y la obra del reino de Dios. Es inevitablemente cierto que siempre se tienen relaciones sexuales en servicio a uno de estos dos reinos. En el sexo, recordarás que Dios no te dio Su gracia para lograr que tu pequeño reino prosperara, sino para darte la bienvenida a un reino mucho mayor y mejor.

Tu mundo sexual es un mundo de adoración. La gran pregunta no es: «¿Estás en problemas o no?», sino «En lo que refiere al sexo, ¿qué estás adorando?».

5. El propósito de la cruz es reconciliarnos con Dios y restaurar a Dios a Su lugar legítimo en nuestros corazones.

Las primeras cuatro palabras de la Biblia nos explican el resto de la historia de la Biblia. Solo ante la realidad de que fuimos hechos para Dios y de que todo existe por Él, tiene sentido la necesidad de la venida de Jesús y de la cruz. Como el pecado nos separa de Dios y nos lleva a vivir para nosotros mismos, y como no hay nada que podamos hacer para ganarnos el favor divino, era necesario que viniera un salvador. Este Salvador tendría que vivir la vida que nosotros deberíamos haber vivido, morir la muerte que nos correspondía y resucitar, venciendo al pecado y a la muerte. Todo esto era necesario para que no solo tuviéramos garantizada la vida eterna, sino que también pudiéramos reconciliarnos con Dios.

Verás, solo cuando estamos en una relación correcta con Dios, cuando vivimos para Él y no para nosotros mismos, cuando nos confiamos a Su buen propósito y seguimos Su consejo sabio, todo en nuestra vida está en el lugar indicado. La esperanza para la cordura sexual solo se encuentra en un lugar: a los pies de la cruz del Señor Jesucristo. La cordura en esta área nunca se hallará al esforzarse y mejorar, porque aquello contra lo cual más debes defenderte vive en tu interior, en lugar de afuera. Es aleccionador pero fundamental admitir que los mayores peligros sexuales son los que llevas en tu interior, y los llevas contigo dondequiera que vas y a cualquier persona con la que estés.

Así que, las primeras cuatro palabras de la Biblia, «Dios, en el principio», me llevan a una conclusión: Necesito un salvador de gracia gloriosa y transformadora, porque necesito ser librado de mí mismo. Sin la gracia de este Salvador, me uniré a la compañía de los enajenados y usaré mi cuerpo de maneras que nunca fue diseñado para usarse. Pero hay esperanza para mí, porque este Salvador vino y derramó Su gracia. Me da mucho más que una serie de reglas; se entrega a sí mismo. No solo me perdona, sino que viene a vivir en mi interior y, al hacerlo, comienza a transformarme desde el centro causal de mi persona: mi corazón. Por gracia, Él pelea a diario a mi favor. Por gracia, hace que ame la sabiduría y deteste la insensatez. Por gracia, me lleva a amar Su reino más de lo que amo el mío propio. Por gracia, me trae convicción cuando estoy equivocado y me restaura con Su perdón. Por gracia, me invita a correr a Él y no de Él cuando no doy la talla. Y algún día, por gracia, me llevará a un lugar donde ya no existe la locura.

Si toda la vida es espiritual, entonces la necesidad sexual más profunda de todo ser humano que haya respirado alguna vez es un Salvador. Él ha llegado. ¡Hay esperanza!

Para repasar y reflexionar

1. ¿Qué sucede cuando dividimos nuestro mundo en dos categorías separadas, lo sagrado y lo secular? ¿Por qué sabemos que esta división es en realidad algo antinatural?

2. ¿Por qué un estilo de vida egocéntrico trae miseria en vez de felicidad?

3. ¿Cómo fomenta la cordura sexual reconocer que todo en la creación, incluido nuestro cuerpo, le pertenece a Dios?

4. Explica lo que Paul Tripp quiere decir cuando escribe: «Tu mundo sexual es un mundo de adoración» (pág. 50). La Escritura establece cuatro aspectos de un estilo de vida de adoración. ¿Cómo le ha dado forma cada aspecto a tu vida sexual?

5. ¿Cómo nos ayudan las primeras cuatro palabras de la Biblia, «Dios, en el principio» (Gén. 1:1) a ver nuestra necesidad de un Salvador?

Reinicia tu corazón

- Génesis 1:1

- Proverbios 8:22-36

4

Entonces, ¿por qué hacemos lo que hacemos?

El hombre estaba en problemas mucho antes de saberlo. Al evaluar su vida, llegó a la conclusión de que estaba bien, pero no lo estaba. Se percibía como un cristiano maduro, un hombre de familia comprometido y un trabajador diligente. Sin embargo, se dirigía hacia una catástrofe sin preocupación ni temor aparentes.

Había trabajado con ella durante años. Estaban en un equipo administrativo y solían asistir juntos a reuniones. Durante casi una década, su relación había sido estrictamente de negocios; es decir, hasta el día en que ella preguntó si podía compartir la mesa con él en el comedor ejecutivo. Aquella mañana había sido ridículamente estresante. Sus hijos habían estado descontrolados, y no se encontraba en un buen momento con su esposa. Cuando salió a trabajar, todos estaban enojados con todos, y su gesto de despedida para su esposa fue una mirada ofuscada, en lugar del acostumbrado beso automático.

Seguramente, tenía la postura y la expresión facial de un hombre derrotado, porque cuando ella se sentó con su bandeja de almuerzo, no habló primero sobre la empresa, sino sobre él.

—Parece que te hubiera atropellado un camión —le dijo, un poco en broma y un poco en serio.

—No te das una idea... —respondió él.

—¿Ah, sí?

—No es el trabajo. Todo va genial aquí. Es mi casa. A veces, las cosas parecen imposibles. Demasiadas relaciones complicadas con demasiadas personas a la vez. Tengo que hacer un esfuerzo hercúleo para apagar la tensión antes de llegar aquí, para poder concentrarme en el trabajo y que no me despidan —gimió.

—Si en tu casa eres como te vemos aquí, seguro eres un gran esposo y padre. No me cabe duda de que para tu familia es una bendición tenerte cerca —musitó ella, miró su reloj, se disculpó y salió apurada de la sala.

Mientras la miraba alejarse, él pensó: «Eso fue agradable; el mayor aliento que recibo en meses». Volvió al trabajo y a su vida ajetreada y no pensó en ella durante varios días, hasta que tuvieron la primera reunión ejecutiva quincenal. Allí, notó cosas de ella que antes no había visto. Esta mujer captó su atención de maneras que otros participantes no lo hicieron. Él intentaba no mirarla, porque no quería ponerla incómoda, pero no podía evitarlo. Después de la reunión, volvió a trabajar en su escritorio sobrecargado. Intentó negarlo, pero se alegró cuando, un par de días más tarde, ella entró a su oficina a hacerle unas preguntas departamentales. Antes de salir, le preguntó: «¿Un poco menos de estrés en casa?». Él sonrió y puso los ojos en blanco, mientras ella salía de la oficina. Se quedó sentado, mientras la observaba salir, completamente inconsciente de que algo drástico e importante, que podía alterar su vida, estaba sucediendo en su corazón. Seguía pensando que estaba bien.

En medio de la clase de negación que parece acompañar estas tentaciones, se dijo a sí mismo que nada había cambiado, pero esto no era así. Comenzó a ir a trabajar esperando verla. No quería una relación con ella ni tampoco había entretenido ningún pensamiento sexual, pero sin duda, en su corazón, la relación había cambiado. Él no solía comer en el comedor para empleados, pero empezó a asistir allí habitualmente. Se decía que era bueno para el departamento, pero esa no era la razón por la cual lo hacía. Iba con la esperanza de que ella estuviera ahí. A menudo, lo estaba, y comenzaron a almorzar juntos con más frecuencia.

Cada vez que almorzaba con ella, la brújula de sus afectos se inclinaba más y más en su dirección. No había abandonado el compromiso con su esposa, y no había considerado nunca dejar su matrimonio, pero su corazón se había deslizado, y por ello, no pasaría demasiado tiempo hasta que su cuerpo también lo hiciera. Él se convencía de que ella era simplemente otra colega, pero no lo era. Se decía que era importante desarrollar amistades sólidas con compañeros de trabajo, pero parecía tener ese vínculo solo con ella. Sus conversaciones se volvieron más frecuentes, más planeadas y más personales, pero él seguía sin percibir peligro alguno.

Una vez, en el pasillo, se estaban riendo de algo y ella le tocó la mano. En ese momento, sintió un estremecimiento que solo había sentido con su esposa. Ella lo había tocado, y a él le gustó. Quiso que lo tocara otra vez. No, no estaba pensando en nada sexual, pero ella le agradaba, y le gustaba estar cerca. Le gustaba la idea de una cercanía física. El corazón que tendría que haber protegido hace mucho tiempo ahora ya no estaba buscando ni se sentía atraído; estaba enganchado. Pero él no reconocía lo enganchado que estaba.

Su esposa comenzó a preocuparse. No era porque él se quedara tarde en el trabajo; volvía a casa como siempre. No era porque hubiera encontrado un recibo inexplicable o algo en su teléfono. No, observó diferencias en su manera de relacionarse con ella. Parecía distante e incluso menos comunicativo. Por cierto, se mostraba más impaciente e irritable que de costumbre. Ya no le daba aquel beso automático. Y había pasado mucho tiempo desde que había demostrado algún interés en tener relaciones sexuales. Ella lo había abordado varias veces para plantearle sus inquietudes, y él les echaba la culpa a las cargas laborales, afirmando que intentaría mejorar y dejar las cargas fuera de la casa. Pero nada cambiaba. La esposa estaba preocupada, pero no sabía por qué preocuparse.

Mientras, tanto, la relación de él con su compañera de trabajo se había vuelto bastante física. No me refiero a *física* en un sentido abiertamente sexual. Me refiero a que su relación se había vuelto bastante táctil. Él le colocaba el brazo en el hombro cuando le preguntaba cómo estaba. Ella se paraba tocándolo con su cuerpo mientras esperaban en el pasillo para entrar a una reunión. Él le tomaba la mano cuando quería decir algo importante o le tocaba el zapato con el pie por debajo de la mesa durante una reunión. Todas estas cosas le parecían (y tal vez a otros también le parecerían) inofensivas, pero no eran para nada inofensivas. No eran inofensivas porque todo era sexual, sumamente sexual. Semanas atrás, había cometido adulterio en su corazón; es decir, había cambiado el afecto de su corazón por su esposa a esta compañera de trabajo, y ahora estaba empezando a cometer adulterio con su cuerpo. Era todo un juego previo aceptable para la oficina, pero no pasaría demasiado tiempo antes de que llegara el sexo.

En las escaleras del estacionamiento, mientras los dos se iban del trabajo aquel día, ella le dio un beso de despedida en la mejilla. Él miró alrededor para ver si había alguien cerca y le respondió con un beso en los labios. Avergonzados, los dos se apuraron a irse, pero al poco tiempo, alquilarían una habitación de hotel para el desastre al que se habían estado dirigiendo durante mucho tiempo.

Este hombre se sentó a hablar conmigo, ahora alejado de su esposa y habiendo dejado su trabajo bien pago; estaba deprimido, confundido y se sentía justificado. «Ella sabía que yo era casado, y me engatusó igual», dijo a la defensiva. Era el mismo viejo delirio con pretensiones de superioridad moral y autoexpiación que había escuchado tantas veces. Había echado por la borda un maravilloso matrimonio con una buena mujer y su relación con tres hijos hermosos por 20 minutos de placer sexual. Sabía que lo que había hecho estaba mal, pero todavía se aferraba a la posibilidad de que no fuera su culpa. Adúltero pero inocente... ¿cómo es eso?

Entonces, ¿por qué hacemos lo que hacemos?

Fue un momento dramático y revolucionario. Está registrado en Mateo 5:27-30. Jesús está desplegando los principios del evangelio de Su reino. A menudo, me he preguntado qué reacción habrá tenido la multitud cuando pronunció estas palabras:

> Ustedes han oído que se dijo: «No cometas adulterio». Pero yo les digo que cualquiera que mira a una mujer y la codicia ya ha cometido adulterio con ella en el corazón. Por tanto, si tu ojo derecho te hace pecar, sácatelo y tíralo. Más te vale perder una sola parte de tu cuerpo, y no que todo él sea arrojado al infierno. Y, si tu mano derecha te hace pecar, córtatela y arrójala. Más te vale perder una sola parte de tu cuerpo, y no que todo él vaya al infierno.

En estas palabras, Cristo no solo presenta la intención original de la ley de Dios y define dónde se libra la verdadera batalla moral, sino que también deja caer una bomba sobre cualquier esperanza de que el legalismo pueda producir una vida justa. Permíteme darte un vistazo aéreo de este pequeño pasaje y trazar algunas inferencias para nuestro tema.

Es aleccionador escuchar estas palabras y vitalmente importante considerarlas, porque Cristo está diciendo algo ilógico para la manera en que la mayoría de nosotros piensa en sí mismo e intenta encontrarle sentido a su vida. Mirado desde miles de metros de altura, lo que Cristo está haciendo aquí en el área del sexo es responder la pregunta que todo ser humano hace en algún momento: ¿Por qué la gente hace lo que hace? Y en relación con esto, ¿por qué decimos lo que decimos y tomamos las decisiones que tomamos? ¿Por qué batallamos con éxito contra algunas cosas y cedemos voluntariamente a otras?

¿Por qué nos decimos a nosotros mismos que no haremos ciertas cosas pero terminamos haciéndolas de todas maneras? ¿Por qué?

La guerra del sexo nunca es tan solo una batalla contra las tentaciones de la cultura que nos rodea; nunca se trata solo de la conducta o de lo que hacemos con nuestro cuerpo. Cristo afirma que nuestra conducta se ve más impulsada por lo que hay dentro que por las personas y las situaciones que nos rodean. Nos dice que las luchas sexuales son inevitablemente luchas del corazón. El adulterio físico es sencillamente el cuerpo que va donde el corazón ya ha llegado. Y cuando Cristo afirma esto, les da a los pensamientos y los deseos el valor moral de las acciones. No cruzas el límite del adulterio solo cuando tienes relaciones sexuales ilícitas. Cruzas el límite cuando entregas el corazón a pensamientos y deseos que están fuera de la voluntad de Dios para ti. Nunca ganarás la batalla contra el pecado sexual tan solo intentando controlar tu conducta, porque todo acto sexual errado está conectado con una decisión, la cual está conectada con un deseo en tu corazón. Siempre entregas el corazón antes de rendir tu cuerpo a lo que está mal.

Escucha las palabras difíciles de oír de Marcos 7:20-23:

> Luego añadió: —Lo que sale de la persona es lo que la contamina. Porque de adentro, del corazón humano, salen los malos pensamientos, la inmoralidad sexual, los robos, los homicidios, los adulterios, la avaricia, la maldad, el engaño, el libertinaje, la envidia, la calumnia, la arrogancia y la necedad. Todos estos males vienen de adentro y contaminan a la persona.

Observa que Jesús no dice: «Oigan, muchachos; es muy sencillo. El problema es que viven en este mundo roto y malvado que no funciona como yo lo diseñé. Está poblado de personas pecaminosas que te seducen para hacer el mal. Así que, si quieren llevar una vida piadosa, deben decidir separarse de ambas cosas». Sin embargo, eso es lo que solemos pensar. He escuchado a esposos adúlteros decirme: «Paul, si vivieras con mi esposa, entenderías por qué hice lo que hice». He escuchado a mujeres adúlteras echarle la culpa al poder de seducción de su amante. He escuchado a los padres de una adolescente embarazada echarle la culpa a la TV, a YouTube y a Facebook. He escuchado a pastores que han cometido pecado sexual señalar a las cargas solitarias de un ministerio estresante. Una y otra vez, escucho cómo las personas señalan fuera de sí mismas para responder la pregunta: *¿Por qué hice lo que hice?* Pero escucha las palabras de Jesús y permite que penetren: «Lo que sale de la persona es lo que la contamina».

Aquí es donde nos llevan las palabras de Cristo: nuestra lucha con el pecado sexual no es fundamentalmente una lucha con el ambiente en el que vivimos ni con las personas que viven cerca de nosotros. Nuestra lucha con el pecado sexual revela la condición oscura y necesitada de nuestros corazones. Somos nuestro peor problema. En cuanto al pecado sexual, el mayor peligro para cualquier ser humano en cualquier parte vive en su interior, no afuera. El aislamiento, los cambios de ubicación y de relación, y la alteración de la conducta nunca funcionan, porque no apuntan al lugar donde existe el problema: el corazón. Las luchas sexuales tienen un punto de partida mucho más profundo que tus ojos y tus órganos sexuales.

Así que, si los problemas sexuales surgen del corazón, es importante hacer algunas observaciones bíblicas sobre el corazón. Estoy convencido de que no se puede tener una verdadera conversación transformadora sobre la locura sexual sin estos principios del corazón tomados de la Escritura.

1. Es necesario saber de qué habla la Biblia cuando se refiere al corazón.

La Escritura presenta el corazón como el centro de nuestras emociones, motivaciones, voluntad, pensamiento y deseos. Esto significa que, cuando encuentras la palabra *corazón* en tu Biblia, deberías tener la siguiente definición en tu cerebro: el corazón es el *centro causal de tu individualidad*. Las personas hacen lo que hacen debido a lo que hay en su corazón. Las situaciones no te llevan a hacer lo que haces.

Las personas no te llevan a hacer lo que haces. Los lugares no te llevan a hacer lo que haces. Tu corazón sí. Esa es la aleccionadora conclusión de la Biblia.

2. Es necesario entender que el corazón siempre funciona bajo el gobierno de algo.

El corazón es un centro de control. Tu corazón siempre se está sometiendo al gobierno de algo. Y solo hay dos posibilidades: funciona bajo el control del Creador o de la creación. Ahora, comprender esto es más útil de lo que puede parecer al principio. No está mal desear el placer, pero si amas el placer más de lo que amas a Dios, te meterás en problemas. No está mal que disfrutes de la comodidad, pero si tu corazón está más controlado por el deseo de estar cómodo que por el amor a Dios, te diriges a mal puerto. Verás, el problema no es que tu corazón tenga la capacidad de desear; el problema es el deseo que gobierna. Permíteme decirlo como ya lo he expresado: *el deseo incluso de algo bueno se vuelve malo cuando ese deseo se transforma en algo que gobierna.* Cuando los placeres del sexo ejercen más control sobre tu corazón que la voluntad de Dios, tu corazón ya ha salido de los límites de Dios y tu cuerpo pronto lo seguirá.

3. Es necesario entender que lo que controla tu corazón dirigirá tu conducta.

Tu conducta está inseparablemente conectada a los pensamientos y los deseos de tu corazón. Las personas y las situaciones pueden ser la ocasión y el lugar de lo que haces, pero nunca la causa. Así que, cuando haces con el sexo algo que Dios dijo que no debías, no puedes buscar explicaciones fuera de ti mismo. Debes buscar en tu interior. Si, como Jesús dice, ya cometiste adulterio en tu corazón, no pasará demasiado tiempo antes de que cometas el acto con los miembros de tu cuerpo. Estos dos pasajes diagnósticos nos muestran que el pecado del pensamiento y el deseo del corazón siempre son lo que te enganchan con el pecado en el mundo en donde vives. Tu problema sexual es mucho más profundo que una cultura de entretenimiento y medios que sencillamente se han vuelto locos. Tu problema es la locura orientada a uno mismo y adicta al placer que vive en tu interior y que te transforma en un blanco fácil para el delirio de la sociedad que te rodea. Los monasterios y los boicots no crean una vida pura; nunca lo han hecho y nunca lo harán.

4. Es necesario entender que, de este lado de la eternidad, tu corazón es susceptible.

Como nuestro corazón nos deja vulnerables, debemos admitir con humildad que vivimos en un estado constante de susceptibilidad. Ninguno de nosotros tiene un corazón puro. Escuchaste bien: ninguno de nosotros. Por la gracia de la cruz, el poder del pecado ha sido quebrantado, pero no significa que estemos libres de pecado. No, el pecado todavía vive con un poder engañoso y destructivo en cada uno de nuestros corazones, aunque su control está siendo cada vez más erradicado por la gracia santificadora de Dios. Me gustaría pensar que soy uno de los puros, pero proporciono evidencia empírica regular de lo contrario. Todos llevamos deseos impuros en nuestro interior. Todos tenemos pensamientos impuros. Todos soñamos sueños impuros. Todos anhelamos cosas que no deberíamos anhelar. Todos. De este lado del cielo, la pureza moral absoluta es un delirio farisaico que todos haríamos bien en rechazar. Nuestro corazón sigue siendo oscuro y enredado, a medida que la gracia obra para purificarnos.

Eres susceptible cada momento de tu vida porque, admítelo, todavía hay áreas en las cuales deseas lo que no deberías desear. En silencio, en secreto o con una falta de conocimiento personal, miras ciertas cosas de maneras que no deberías mirar, empiezas a considerar cuestiones que no deberías considerar, y entretienes sueños que no deberías entretener. Estás en el proceso de ofrecer tu corazón susceptible, mientras te convences de que eres puro.

5. Es necesario admitir que, de este lado de la eternidad, tu corazón es inconstante.

Me incomodan esos momentos en las reuniones de adoración donde cantamos: «Eres mi todo en todo», «Eres mi tesoro más preciado», «Te amo con todo mi corazón» o «Te adoro». A menudo, dejo de cantar y pienso: «¿En serio? ¿De verdad lo hago?». ¿Acaso el amor a Dios gobierna mi corazón sin resistencia? ¿Será verdad? ¿Se encuentra el Señor en el centro de mis afectos, y en Él está mi más grande alegría? De verdad, ¿es así? Creo que subestimamos gravemente la naturaleza voluble de nuestro corazón pecaminoso. Cambiamos de lealtad de un momento al otro. Rápidamente, intercambiamos el afecto de algo por otro. Con demasiada facilidad, nos dejamos llevar por nuestro amor. Abandonamos voluntariamente compromisos que hicimos con vigor. No hacemos lo que prometimos. Abandonamos nuestros sueños por algo que pensamos que será un sueño mejor. Nuestro corazón solo será verdaderamente leal y estable cuando esté libre de pecado. Mientras el pecado viva dentro de nosotros de alguna manera, tristemente, estamos a la búsqueda de un amo mejor y más satisfactorio, negando la gloria del Amo que nos fue dado por gracia.

6. Es necesario aceptar que, de este lado de la eternidad, tu corazón es engañoso.

A todos nos gustaría pensar que nadie conoce mejor nuestro corazón que nosotros. Nos gustaría creer que, aunque los demás puedan engañarse a sí mismos, nosotros no. Esto sencillamente no es verdad. Como el pecado es engañoso por esencia, mientras viva en nuestro corazón, tendremos la tendencia a no ver la verdadera condición de nuestro corazón. Sin embargo, hay más para decir. No solo estaremos ciegos a lo que hay en nuestro corazón; estaremos ciegos a nuestra ceguera, pensando que vemos cuando en realidad no vemos. Para empeorar las cosas, participaremos de nuestra propia ceguera. Debido a la arrogancia del pecado, nos esforzaremos por hacernos sentir bien respecto a lo que no está bien, o para creer que el problema en realidad no somos nosotros. De esa manera, el hombre que ha estado mirando demasiado a una mujer en el trabajo de una manera que no debería se convencerá de que no es lujuria, sino que simplemente es uno de esos hombres que nota la belleza de la creación de Dios. («¿Acaso es pecado reconocer que una mujer es hermosa?»). Una relación que se ha vuelto emocional y un tanto física se caracterizará por una amistad estrecha. («¿Acaso está mal tener buenas amigas?»). Una mujer que ha empezado a reemplazar a su esposo emocionalmente dirá que necesita la amistad de otros hombres. («¿Está mal que una mujer casada escuche las perspectivas de otros hombres?»). Cada pregunta es autoexpiatoria. Cada persona participa del engaño de su propio corazón. Como el corazón es engañoso, solemos estar en peligro sexual mucho antes de que nuestros ojos lo vean y nuestro corazón lo admita.

7. *Es necesario aceptar que el cuerpo se desviará hacia donde el corazón ya haya ido.*

No hace falta decir demasiado sobre esto; ya he dicho suficiente. Sin embargo, creo que es necesario resaltar este punto: los problemas sexuales son síntomas de problemas más profundos del corazón, y si entregas el tuyo, sencillamente no tendrás éxito a la hora de controlar tu cuerpo.

8. *Es necesario confesar que tu conducta siempre revela más sobre ti que sobre tu situación, tu ubicación o tus relaciones.*

Me parece que en este punto, a la iglesia cristiana le ha faltado sinceridad, integridad y exactitud bíblica. En lo que se refiere a la locura sexual cada vez mayor que existe en nuestras iglesias (pornografía cibernética, adulterio y fornicación), hemos tendido a señalar en la dirección equivocada. Hemos hablado mucho sobre la degradación sexual y la ordinariez pasmosas de la cultura circundante. Y sí es pasmoso. Hablamos de las imágenes sexuales de las cuales es casi imposible proteger a nuestros hijos. Señalamos la sexualización de las industrias de la moda y el entretenimiento. Y deberíamos hablar de estas cosas. Hablamos de cómo internet ha sido secuestrado moralmente por un imperio global y multimillonario de pornografía. Hablamos de la locura moral de las clases de salud en las escuelas secundarias. Hablamos sobre cómo el humor sexual infecta incluso las comedias familiares. Todos estos son problemas sobre los que hay que hablar y actuar, pero el autoengaño y las pretensiones de superioridad moral hacen que la conversación sea difícil y nos preparan para más dificultades.

La locura sexual que vive en los asientos de nuestras reuniones dominicales pone en evidencia e inculpa la verdadera condición de nuestro corazón. La deuda y el materialismo que viven en nuestras congregaciones revelan más sobre nosotros que sobre la cultura que nos rodea. Esto es lo importante de este capítulo: cuando te convences de que el problema no eres tú, cuando niegas la centralidad de tu corazón en cada una de tus decisiones y acciones, y cuando minimizas la impureza peligrosa que todavía reside en tu interior, no buscas la ayuda que necesitas con tanta desesperación, y no colocas las protecciones que con tanta claridad precisas. Como resultado, te expones a que te vuelvan a seducir y engañar.

Entonces, ¿ahora qué?

Bueno, todos debemos aceptar la realidad de que los cambios en nuestra vida sexual personal no empiezan con un análisis cultural; comienzan con la confesión personal. El cambio no empieza señalando la dificultad de tu situación ni la conducta de las personas que te rodean. El cambio comienza en un solo lugar: con una confesión profunda del corazón. En lo que se refiere al sexo, todos necesitamos decir que el mayor problema en nuestra vida sexual somos nosotros.

Te desafío a hacer conmigo la oración de David de humilde confesión (Salmo 51). Hazlo aquí mismo, ahora.

Ten compasión de mí, oh Dios,
conforme a tu gran amor;
conforme a tu inmensa bondad,
borra mis transgresiones.
Lávame de toda mi maldad
y límpiame de mi pecado.

Yo reconozco mis transgresiones;
siempre tengo presente mi pecado.
Contra ti he pecado, solo contra ti,
y he hecho lo que es malo ante tus ojos;
por eso, tu sentencia es justa,
y tu juicio, irreprochable.
Yo sé que soy malo de nacimiento;
pecador me concibió mi madre.
Yo sé que tú amas la verdad en lo íntimo;
en lo secreto me has enseñado sabiduría.

Purifícame con hisopo, y quedaré limpio;
lávame, y quedaré más blanco que la nieve.
Anúnciame gozo y alegría;
infunde gozo en estos huesos que has quebrantado.
Aparta tu rostro de mis pecados
y borra toda mi maldad.
Crea en mí, oh Dios, un corazón limpio,
y renueva la firmeza de mi espíritu.
No me alejes de tu presencia
ni me quites tu santo Espíritu.
Devuélveme la alegría de tu salvación;
que un espíritu obediente me sostenga.

Así enseñaré a los transgresores tus caminos,
y los pecadores se volverán a ti.
Dios mío, Dios de mi salvación,

líbrame de derramar sangre,
y mi lengua alabará tu justicia.
Abre, Señor, mis labios,
y mi boca proclamará tu alabanza.

Tú no te deleitas en los sacrificios
ni te complacen los holocaustos;
de lo contrario, te los ofrecería.
El sacrificio que te agrada es un espíritu quebrantado;
tú, oh Dios, no desprecias al corazón quebrantado y arrepentido.

En tu buena voluntad, haz que prospere Sión;
levanta los muros de Jerusalén.
Entonces te agradarán los sacrificios de justicia,
los holocaustos del todo quemados,
y sobre tu altar se ofrecerán becerros.

Verás, si nuestros problemas sexuales son una cuestión del corazón, si es cierto que hacemos lo que hacemos debido a lo que hay en nuestro corazón, entonces necesitamos algo más que un análisis cultural, información bíblica y reglas. Dale a un adicto a la pornografía cibernética una serie de reglas y verás de cuánto le sirve. El pecado sexual es una cuestión del corazón. Nuestra única esperanza para la pureza personal y para una defensa contra la locura cultural se encuentra en la transformación de nuestro corazón, y para ello, necesitamos la misma misericordia por la cual David clama en este hermoso y desgarrador salmo.

¿Por qué no haces una pausa ahora mismo y clamas pidiendo la misma gracia? La necesitas ahora tanto como David en aquel entonces, ya sea que lo admitas o no.

Para repasar y reflexionar

1. Relee las palabras de Jesús en Mateo 5:27-30. ¿Qué estaba enseñando Jesús aquí, y cómo se refuerza la lección en Marcos 7:20-23?

2. ¿Qué transforma un buen deseo en algo malo? ¿En qué aspecto de tu vida has visto esto? Sigue el rastro de las maneras particulares en las cuales este deseo tuyo pasó de bueno a malo.

3. Paul Tripp escribe: «Los monasterios y los boicots no crean una vida pura» (pág. 61). Explica qué quiere decir con esto.

4. ¿Por qué la humildad es necesaria para entender acertadamente la manera en que nuestro corazón funciona? ¿Cómo nos mantiene sexualmente cuerdos una correcta comprensión?

5. Al examinar tu vida y tu corazón, ¿dónde ves una necesidad de cambiar? ¿Cómo empieza este cambio? Elabora tu respuesta a partir de porciones específicas del Salmo 51.

Reinicia tu corazón

- Mateo 5:27-30

- Marcos 7:20-23

- Salmo 51

5

El placer más grande

La belleza de un atardecer con trazos multicolores.
La dulce melodía de un ave.
El pungente sabor herbáceo del cilantro.
La delicadeza tierna de un beso humano.
El silbido de la brisa entre las hojas de un inmenso roble.
La cacofonía de sonido del reino animal.
El destello de un estanque cristalino y apacible.
La belleza variopinta de la forma humana.
El delicioso aroma de una rosa.
El aparentemente infinito catálogo de hierbas y especias.
El poder emocional de la música.
El poder comunicativo del arte visual.
El regalo de los ojos, los oídos, la boca, la nariz y las manos para disfrutar plenamente de todo esto.
La existencia del deseo de placer.
La habilidad de reconocer y disfrutar de la belleza.
La capacidad de crear belleza.
Los infinitos sonidos, vistas, formas, colores, luces y texturas del mundo creado.
El placer sedentario del sueño.

La realidad de que esto y mucho más está a nuestra disposición cada día.

Los placeres de la vida están por todas partes. Te saludan todo el día y todos los días. Por más que lo intentaras, no podrías escapar del placer. ¿Sabes por qué? Hay solo una respuesta: porque Dios así lo quiso. Con sabiduría y propósito, el Señor creó un mundo atiborrado hasta desbordar de placeres de toda clase. Hay placeres para la vista, el oído, el gusto y el tacto. Hay placeres de pensamiento y de emoción. Hay placeres de lugar, situación y relación. El placer existe porque encaja en el propósito de Dios para Su creación. Es uno de Sus mayores regalos para nosotros. Pero tú y yo necesitamos entender la función del placer en la creación de Dios y cómo debemos responder a los placeres que encontramos cada día.

Permíteme empezar observando lo siguiente: es imposible escribir un libro sobre el sexo y evadir el gran tema del placer. Tal vez la mejor manera de decirlo es esta: si no entiendes bien el placer, la tendencia es a hacer un mal uso del sexo. Así que, antes de empezar a mirar el sexo de manera más específica y en mucho más detalle, es vital que abordemos el tema central: el placer.

El nacimiento del placer

No es ninguna exageración de algún cliché teológico distante afirmar que el placer y su nacimiento están en la mente de Dios. El placer legítimo de cualquier clase es la creación de Dios, y nuestra capacidad de reconocer y disfrutar el placer es resultado de Su diseño. No hay mejor lugar para ver esto y trazar sus implicaciones que regresar al principio, al jardín del Edén. Quiero presentarte la *hermenéutica del Edén*. La hermenéutica es la ciencia de la interpretación. Tú y yo no nos basamos en los hechos de nuestra existencia para vivir, sino en nuestra interpretación única y personal de ellos. Para nuestro tema, esto funciona así: si Dios creó el placer, entonces el placer no es el problema. El problema surge cuando entendemos el placer de manera incorrecta y participamos del mismo en formas que resultan directamente de las interpretaciones erróneas que hemos hecho.

Así que, como con todo lo demás, en cuanto al placer, necesitamos alguna clase de guía interpretativa, y la creación de Dios del jardín del Edén y la colocación de Adán y Eva allí nos proporcionan la herramienta interpretativa perfecta. Permíteme sugerir cinco perspectivas críticas sobre el placer que emergen al considerarlo a través de la ventana interpretativa del jardín.

1. *Los ascetas están equivocados.*

El ascetismo (de la palabra griega para «entrenamiento» o «ejercicio») ha existido durante mucho tiempo, y todavía está presente en diversas formas de cristianismo evangélico. La cosmovisión fundamental del asceta es que, al renunciar a los placeres del mundo, uno puede alcanzar un estado espiritual superior. El problema con el ascetismo es que malinterpreta la naturaleza de la creación de Dios y de los seres humanos, y al hacerlo, transforma al placer en el problema. La existencia del jardín del Edén en un mundo de perfección sencillamente deshace el ascetismo.

Dios no colocó con crueldad a Adán y a Eva en un ambiente de placer peligroso y maligno, y les exigió que lo evitaran por temor a ser destruidos y recibir juicio. No requirió la abstinencia como una verdadera prueba de lealtad y de la piedad de sus corazones; todo lo contrario. Los puso en un ambiente de placeres deliciosos y los dejó libres para que disfrutaran. El jardín estaba lleno de placeres para la vista, el oído, el olfato, el gusto y el tacto. El jardín les presentó los placeres del amor emocional y sexual. Era un lugar gloriosamente placentero para vivir, y no tenía nada inherente de malo ni de peligroso. Para ser como Dios los había creado a Adán y Eva, no hacía falta evitar nada; hacía falta participar. El ascetismo está mal porque maldice la creación y evalúa la santidad según el grado de la separación personal de la creación. Esto no coloca a Dios en Su lugar legítimo. Hace precisamente lo opuesto. Lo ve como cruel, como insensato o como ambas cosas. No lo presenta como alguien a quien uno quisiera acudir, sino como alguien de quien protegerse.

El ascetismo también malinterpreta la naturaleza de los seres humanos. Llega al centro de lo que me he propuesto describir. Los seres humanos son seres al revés. Es decir, hacemos lo que hacemos no tanto por lo que sucede afuera, sino por lo que hay en nuestro interior. Si Dios hubiera creado a personas cuyas decisiones y conductas estuvieran irremediablemente determinadas por lo que hay afuera, por cierto no los habría puesto en un ambiente de deleites tan suntuosos. Al poco tiempo, se habrían sentido abrumados y se habrían vuelto adictos, incapaces de controlarse ante los factores determinantes poderosos que los rodeaban.

Adán y Eva no fueron creados así. Recibieron un corazón que podía pensar, imaginar, considerar, sopesar, elegir, sentir, lamentarse y adorar. Y Dios sabía que, siempre y cuando su corazón no estuviera controlado por el placer sino gobernado por Él, ellos podrían participar del placer de manera que lo honrara y sin perder el rumbo.

La creación del jardín de deleites y la tragedia de la rebelión de Génesis 3 se unen para mostrarnos algo vital: el placer no es tu problema; tú eres el problema. Parece cruel, ¿no? Pero es verdad. Vale la pena repetir que todos los problemas con el placer son problemas del corazón. No nos hemos vuelto locos con el sexo porque exista el sexo. En cambio, nuestra locura sexual revela la deslealtad y la rebelión de nuestro corazón. Así que no se abordan los problemas sexuales señalando el sexo como algo para evitar. El disfrute pleno del sexo (en el contexto establecido por Dios) no es algo mundano. Las personas célibes no son la nobleza espiritual.

El jardín lo dice todo. Separarte de los mismos placeres que señalan la gloria de Dios y que te fueron dados para disfrutar no resuelve el problema del placer. Más bien, culpa al objeto del placer y cuestiona la sabiduría y el amor de Aquel que lo creó.

2. *El placer glorifica a Dios.*

La intención creativa de Dios fue glorificarse mediante los placeres que creó. Cada cosa placentera fue creada a la perfección y diseñada para reflejar y señalar la gloria suprema de Aquel que la creó. Estas cosas fueron diseñadas para inducir al placer, pero también con un propósito profundamente espiritual. Fueron hechas para recordarte al Señor. Fueron hechas para maravillarte no solo con su existencia, sino también con la sabiduría, el poder y la gloria del que las creó. Fueron puestas en la tierra para ser uno de los medios divinos de captar tu atención y atrapar tu corazón.

Verás, nunca entenderás el placer si crees que es un fin en sí mismo. El placer es placentero, y nunca deberías sentirte culpable por disfrutarlo o por querer más. Tu disfrute del placer está de acuerdo con el diseño de Dios. Pero debemos entender que el placer tiene un propósito que trasciende el disfrute momentáneo que nos brinda. El placer existe como una señal de Aquel en cuyos brazos disfrutaremos el único placer que puede satisfacer nuestro corazón y darle reposo. El placer existe para llevarme cara a cara con Dios y recordarme que fui hecho por Él y para Él. El placer, como cualquier otra cosa creada, fue diseñado para colocar a Dios en el centro, no solo de mi disfrute físico, sino de mis pensamientos más profundos y de las motivaciones de mi corazón. El placer existe para estimular la adoración, no de lo que produce placer sino de Aquel que lo creó. La gloria de toda clase de placer debe señalarme la gloria de Dios.

El placer del sexo fue hecho para recordarme la gloria de mi unión íntima con Cristo, la cual solo la gracia podría producir. El placer de la comida fue hecho para motivarme a buscar el sustento que satisface el corazón con el pan y el vino que es Cristo. El placer de todas las cosas hermosas está diseñado para llevarme a contemplar al Señor, quien es perfecto en belleza en todo sentido. El placer de los sonidos fue hecho para llevarme a escuchar los sonidos de Aquel cuyas expresiones son absolutamente bellas. El placer del tacto fue creado para recordarme la gloria de Alguien cuyo solo toque tiene el poder de consolar, sanar y transformar. El placer del afecto humano fue hecho para llevarme a celebrar la gloria del amor eterno, inmerecido y sacrificado de Dios. El placer del descanso sirve para atraer mi corazón a Aquel que, con Su vida, muerte y resurrección, compró para mí un eterno día de reposo.

El placer no le quita mérito a la gloria de Dios. No tiene por qué entumecer tu corazón. En cambio, es uno de los medios que Dios usa para recordarte las glorias satisfactorias que solo pueden hallarse en Él. El placer, tanto allá en Edén como ahora, y al igual que cualquier otra cosa creada, fue hecho para llevarnos a adorar.

3. El placer exige límites.

Es importante reconocer que los placeres del jardín no eran ilimitados. Dios estableció límites para Adán y Eva. Les regaló placeres gloriosos para disfrutar, pero dentro de los límites que Él colocó. No debían tener una relación egocéntrica, de cualquier momento y en cualquier lugar con el placer. Estaban diseñados y eran llamados para vivir dentro del propósito que Dios tenía en mente al crearlos. Sus vidas no les pertenecían, ni tampoco sus placeres. Tenían la libertad de disfrutar, pero su disfrute debía llevarse a cabo en una actitud de sumisión y obediencia. Los límites eran una protección. Las reglas mismas les mostraban a Adán y a Eva que no estaban a cargo. Las reglas les recordaban que habían sido creados para el propósito de otro.

Las reglas no destruían el placer ni inhibían el disfrute. Estaban allí para proteger el corazón de Adán y Eva, de manera que pudieran disfrutar libremente de los placeres del mundo creado sin que ellos los dominaran, los controlaran ni les generaran adicción. Las reglas estaban allí para que ellos no se entregaran al placer sino a Dios, mientras disfrutaban de las cosas hermosas que Él les había dado. ¿No es acaso este el punto clave en el cual nuestra cultura malentiende las cosas? En la cultura occidental, hay un principio predominante que nos dice que la autoridad destruye la libertad y que las reglas arruinan el placer. La cosmovisión que dicta: «el placer no es realmente placer si tiene reglas» ha sido un ingrediente clave para la locura que aborda este libro. Esta visión afirma que comer no es divertido si te dicen qué debes comer. El sexo no se disfruta si te dicen cómo, cuándo y con quién se puede practicar. Crear cosas hermosas no es satisfactorio ni placentero si tienes que pensar en el mensaje que comunica lo que estás creando. El Edén fue el lugar más hermoso que existió jamás, lleno de placeres perfectos de toda clase; pero su persistencia dependía de que Adán y Eva permanecieran dentro de los límites protectores de Dios. Para horror de la existencia humana, decidieron no hacerlo. El placer ilimitado es un engaño. Por diseño divino, no existe, y si lo hiciera, nunca podría funcionar.

4. *Tu vida de placer solo está protegida por el placer.*

Nuestro corazón está controlado por alguna clase de placer. Cuando a tu corazón lo gobierna el deseo de alguna clase particular de placer, no puedes dejar de pensar en ello, no puedes apagar tu deseo por eso, así que harás lo que sea por alcanzarlo. Este es un lugar donde es peligroso estar, y es una manera destructiva de vivir. Así que, si el corazón del hombre está gobernado por el placer sexual, el hombre pondrá en riesgo las cosas maravillosas de su vida para ir en pos de esto puntual, por estar convencido de que no puede vivir sin ello. O si el corazón de alguien está gobernado por el placer de la comida, comerá las cosas equivocadas demasiado a menudo y en cantidades excesivas. Mientras tanto, ignorará la evidencia empírica del aumento de peso, la hipertensión y la diabetes, que son señales de advertencia dadas por Dios de que el hombre está sirviendo al amo equivocado.

Solo cuando tu corazón está bajo el gobierno de Aquel que creó todos los placeres que tan fácilmente generan adicción, tu mundo de placer puede estar protegido de manera que vivas en equilibrio. Solo cuando tu corazón está bajo el control de un placer superior, el placer de Dios, puedes manejar el placer sin que te genere adicción. Solo cuando el placer supremo en tu vida es el conocimiento de que a Dios le agrada la manera en la que vives, puedes manejar adecuadamente el placer. Si lo único que te motiva en la vida es experimentar placer, estás en problemas de placer, aunque quizás todavía no veas evidencias. Si tu motivación principal es agradar a Dios, entonces puedes disfrutar con libertad de los diversos placeres del mundo creado sin quedar obeso, adicto ni endeudado. Cuando el corazón de Adán y Eva empezó a dejarse gobernar por algo creado que producía placer, en lugar del Creador, dejó de importarles agradar a Dios, se insertaron en el centro del mundo, escribieron sus propias reglas y crearon el desastre humano por excelencia: la caída. Todavía estamos entre los retorcidos despojos de aquella terrible decisión.

5. *En lo que refiere al placer, lo que parece bueno suele no serlo.*
En algún momento de la conversación con la serpiente, Eva empezó a mirar algo muy malo y a considerarlo sumamente bueno. Sin embargo, el fruto del árbol prohibido, con su placer temporal, no era bueno para consumir. Abrió las compuertas de la destrucción, el juicio y la muerte. El placer puede ser increíblemente seductor. A menudo, es engañoso. Estás advertido: tus placeres te dirán mentiras. Tus placeres te harán promesas que no pueden cumplir. A menudo, te ofrecerán vida, cuando en realidad, te traerán lo opuesto.

Cuando estás cometiendo el acto de la gula, en ese momento, no ves la destructividad idólatra de lo que estás haciendo. No, ves lo bueno: los aromas, lo agradable a la vista, las texturas y los sabores de la comida. Tu problema es que aquello que parece bueno en realidad no es bueno. Cuando estás mirando un sitio web sexual que no tienes por qué mirar, no ves la capacidad destructiva y egoísta de lo que estás haciendo. Estás demasiado absorto en la belleza erótica de la forma humana como para ver que aquello que parece algo bueno es en realidad sumamente peligroso y destructivo. En cuanto al placer, lo que parece bueno puede no serlo.

Así que, mientras estás lidiando con los placeres básicos que encuentras en la vida cotidiana, lleva contigo la *hermenéutica del Edén*. Mira el placer a través de la lente interpretativa y protectora del jardín. Entiende el placer, recuerda su propósito, celebra sus deleites, mantente alerta de su peligro y, por sobre todas las cosas, protege tu corazón.

Entonces, ¿cómo seguimos?

Bueno, hay una última pregunta intensamente práctica que debemos hacer. Empieza en el centro de cómo los placeres buenos se transforman en algo peligroso. Además, apunta al corazón de lo que eres y de cómo Dios te diseñó para que funciones. La pregunta es la siguiente: ¿Qué le estás pidiendo a tu placer? Dios te diseñó para el placer. Dios te colocó en un mundo saturado de placer. Fuiste preprogramado con los sentidos para percibir y disfrutar de los placeres que te rodean. En breve, eres un buscador de placeres. El tema es a qué placeres le entregarás tu corazón, y qué les pedirás a esos placeres.

Los placeres buenos que Dios creó para nuestro disfrute y para Su gloria se vuelven malos y peligrosos cuando les pedimos que hagan por nosotros algo para lo cual el Señor no los creó. Por ejemplo, si el sexo se transforma en una manera en que estableces poder, harás cosas sexuales que no deberías, usarás a los demás como objetos de tu poder y dejarás una estela de destrucción, mientras dañas tu propio corazón. Dios no te dio el regalo del placer sexual para que establecieras poder personal y control. Trabajé en una institución para muchachos problemáticos, donde se usaba el sexo exactamente de esta manera. La violación del mismo sexo era una manera en que los muchachos más grandes establecían su dominio sobre los más jóvenes y débiles. Se trataba de una distorsión oscura y violenta del regalo placentero de la sexualidad humana.

Si usas el vino —lo cual en sí no es algo malo— como un medio para escapar de las presiones de la vida, le estás pidiendo al vino que haga algo por ti para lo cual no fue creado. Si el vino es tu refugio espiritual, beberás más de lo que deberías y, al hacerlo, agravarás tus problemas, ya que no encontrarás ni soluciones ni descanso para tu corazón.

Hay dos observaciones que fluyen de las preguntas que estamos considerando. La primera es que, en cada instancia, las personas le están *pidiendo algo incorrecto* a determinado placer. Le están pidiendo lo único que nunca podrían hacer: satisfacer su corazón. Los placeres que Dios creó e insertó en el mundo que hizo para nosotros nunca fueron hechos para ser el lugar donde tú y yo buscáramos identidad, paz interior, contentamiento o la estabilidad y el bienestar que todo ser humano busca. El placer nunca será tu salvador. Hay un Salvador amoroso, capaz y dispuesto que te ofrece con Su gracia todo lo que necesitas. El placer puede ofrecerte una alegría momentánea. Puede recordarte la gloria suprema de Dios, pero nunca debe transformarse en tu reemplazo funcional de Dios.

La segunda observación es que, en cada instancia, las personas *piden de manera incorrecta*. La aproximación básica de las personas al sexo, la comida y el alcohol las coloca en el centro de su mundo. Es un enfoque frente a la vida que declara: «es lo que quiero y lo que creo que necesito». No se somete a la realidad de que todo placer le pertenece al Señor. Olvida que el placer tuvo sus comienzos en la mente de Dios. Ignora la realidad de que, tal como todo lo que Dios creó, Él tiene un propósito específico para el placer. Así que este enfoque falla a la hora de vivir voluntaria y gozosamente dentro de los límites divinos.

Esta manera de vivir desciende al ámbito de: «Tengo el derecho de ser feliz y de ir en pos de los placeres que me harán feliz». No importa cuál sea la teología confesional del momento, esta manera de vivir que ignora a Dios me inserta en el centro de mi mundo, le da suprema importancia a mi propia definición de felicidad, me otorga el derecho de escribir mis propias reglas y olvida por completo los placeres eternamente satisfactorios del amor de Dios que solo la gracia puede brindar. Además, niega la realidad de que nunca termina bien pedirle al placer que haga algo para lo cual no fue diseñado. Cuando vivo para la emoción efímera de cualquier placer, como no puede darme satisfacción duradera, vuelvo una y otra vez, y cada vez quiero más y algo mejor, y lo que antes podía controlar termina controlándome.

Un día, miro a mi alrededor y estoy esclavizado y adicto, y el placer no es lo que me llevó a la esclavitud. No, tristemente, yo mismo lo hice cuando decidí pedirle a algo que fue diseñado para recordarme a mi Salvador que fuera mi salvador.

Mientras celebras el placer, celebra la cruz

Está bien celebrar la bondad de Dios al darte dulces placeres para disfrutar, y nunca deberías sentirte culpable por disfrutarlos, siempre y cuando lo hagas dentro de Sus límites y para Su gloria. Es maravilloso celebrar los placeres sabrosos de la comida, la belleza espléndida de una buena obra de arte, la dulce intimidad del sexo, o el atinado drama de una pieza musical bien escrita. Pero, mientras celebras el placer, no olvides celebrar la gracia.

La gracia de Dios tiene el poder de protegerte de pedirle al placer lo que no deberías pedirle. Te da el poder de decir que no al seductor llamado del placer cuando es fundamental decir no. La gracia de Dios te ofrece perdón cuando no has hecho estas dos cosas. Además, te conduce a la presencia del único que puede darte la satisfacción y el gozo duraderos que tu corazón busca. Así que, mientras celebras los placeres físicos del mundo creado, dedica tiempo a celebrar los placeres eternos de la redención. Y recuerda celebrar la realidad de que, como hijo de Dios, te diriges a un lugar donde el placer ya no tendrá ningún peligro asociado, y donde tu corazón sosegado no buscará lo que no debe buscar.

Así que, cuando comas algo sabroso, cuando tu cuenta bancaria haya crecido o hayas disfrutado del amor sexual mutuo con tu cónyuge, no te sientas culpable. Dios creó el placer para Su gloria y para tu disfrute. Te rodeó de cosas placenteras. Te dio la capacidad de disfrutarlas. No deberías sentirte culpable, pero debes recordar la tendencia de tu corazón a desviarse y reemplazar al Creador con Su creación. Y recuerda que incluso el deseo de algo bueno se vuelve malo cuando se transforma en algo que gobierna. Sé fiel y recuérdate una y otra vez que, para resistir que te gobierne lo que tienes libertad de disfrutar, se te ha proporcionado una gracia que perdona, empodera, transforma y libera para la batalla. Tu necesidad de esa gracia se evidencia claramente en tu lucha para mantener los placeres dados por Dios en su lugar adecuado.

Para repasar y reflexionar

1. ¿Cómo resumirías la *hermenéutica del Edén*? ¿Cómo puede ayudarte en la vida cotidiana entender su significado?

2. ¿Qué es el ascetismo y por qué es ineficaz para guardarnos del pecado sexual? ¿Qué efecto correctivo tienen los siguientes pasajes?

   - Eclesiastés 2:24

   - 1 Timoteo 6:17

   - Hebreos 11:25-26

   - Santiago 1:17

3. ¿Cómo se relaciona el placer con la gloria de Dios, y cómo podemos participar para exhibir este vínculo?

4. ¿Cómo mejoran los límites el placer en lugar de atenuarlo?

5. ¿En qué áreas de tu vida eres propenso a la adicción, y cómo puedes evitar esta esclavitud?

Reinicia tu corazón
   - Génesis 2:15–3:24

6

El sexo: Un panorama general

Juan tenía trece años, y algo se había despertado en su interior. No estaba seguro de qué era, pero le gustaba. Le gustaba mucho. Le sucedía cuando miraba fotografías de mujeres en las revistas. Le sucedía mientras pasaba junto a las tiendas de lencería en el centro comercial. Le sucedía cuando, en silencio, navegaba hacia ciertos sitios web. Sentía un estremecimiento, y le gustaba. Lo único que sabía era que la sensación era agradable, y quería más.

— — —

A Aarón no le importaba realmente si su esposa estaba cómoda o no. No pensaba demasiado en lo que a ella le resultaba bueno y placentero. No le prestaba mucha atención al aspecto suave, tierno y relacional de la intimidad. Pensaba: «Estoy casado y el sexo es mi derecho, sin barreras». Le parecía que Alicia debía estar lista en cualquier momento que él quisiera tener relaciones sexuales, y que debía hacer cualquier cosa que le trajera placer. Si llegaba a casa en medio del día y estaba listo, entonces la responsabilidad de su esposa era estar dispuesta.

Pero Alicia se sentía como un objeto, un juguete de placer para Aarón. Se sentía abusada y exigida. Para ella, el sexo era cada vez menos un acto de amor mutuo. Se había transformado en una obligación cotidiana, una que solía producirle rechazo. Y para empeorar las cosas, se sentía incómoda con las cosas que Aarón le pedía que hiciera, además de que temía que su esposo pareciera cada vez más obsesionado con el sexo. Había intentado lograr que hablara con ella de su vida sexual, pero él le respondió que pensaba que todo estaba bien. Había intentado expresarle sus sentimientos, pero él no parecía escuchar. Había intentado resistir sus avances por momentos, pero él terminaba enojado y la acusaba de ser egoísta. Aarón exigía algo que Alicia rechazaba, y ella no sabía qué hacer.

— — —

Carla estaba en la universidad, y estaba disfrutando cada momento. Por primera vez en su vida, se sentía independiente y atractiva. Le encantaba la atención que estaba recibiendo de parte de los muchachos en su residencia estudiantil y sus clases. Los primeros dos años habían sido un torbellino de clases, citas y romances breves. Mantenía buenas notas y, de vez en cuando, pensaba en su futuro, pero no era lo que la impulsaba… su motor era el ámbito social. Sus fines de semana empezaban el jueves por la noche y no terminaban hasta tarde el domingo. El lunes, ya se empezaba a formar el plan para el próximo fin de semana.

A Carla le encantaba que ya no se sentía más incómoda. Le gustaba cómo se había desarrollado su cuerpo y que esto le merecía mucha atención masculina. Se sentía viva y valorada. Aunque la incomodaban algunas de las cosas que sus compañeros románticos querían que hiciera, disfrutaba de ser tan atractiva que los muchachos siempre estuvieran persiguiéndola.

A pesar de no darse cuenta, no se vestía para cubrir o adornar su cuerpo, sino más bien para exhibirlo y atraer atención a su forma. No le preocupaba que los demás la consideraran una chica fácil. Lo que verdaderamente la asustaba era que cualquiera de los muchachos pudiera pensar que era una mojigata. Con maquillaje demasiado recargado y ropa demasiado ajustada, empezaba su día esperando y disfrutando la atención que obtenía mientras se movía por el campus. Coqueteaba con los muchachos y se mostraba seductora, pero lo negaba si alguno la confrontaba. Se consideraba una típica muchacha femenina de 20 años que estaba conociendo sus emociones y su cuerpo. Si alguien le preguntaba sobre su estilo de vida, ella respondía: «Mucha diversión, poco daño».

— — —

Gerardo había tomado una decisión, y para él, no había vuelta atrás. Se convenció de que estaba siendo fiel a sus sentimientos, fiel a su manera de ser. Sabía que sus padres se enojarían, pero estaba cansado de vivir en las sombras y de cubrir sus huellas. Ya no lo haría más. Él sabía qué lo excitaba y qué no. Sabía a quién se sentía atraído y a quién no. Sabía la clase de vida que quería y la clase que deseaba evitar. Con esa decisión tomada, se sintió liberado.

Se sentía atraído a los hombres. Se convenció de que siempre había sido así. Había llegado a pensar que negarlo era insensato e inmaduro. Pensaba que las personas que lo rodeaban no tenían derecho de cuestionarlo. Y estaba convencido de que era una colosal pérdida de tiempo luchar contra ello. Aquel fin de semana, mientras estaba con sus padres, declararía su orientación sexual y su amor por David. No quería lastimar innecesariamente a sus padres, pero ellos tendrían que aceptar quién era y cómo había decidido vivir su vida. Gerardo se consideraba cristiano, pero no tenía tiempo para ver lo que la Biblia tenía para decir sobre su elección de estilo de vida. No se inclinaría ante el «anquilosado machismo de la época bíblica». Afirmaba amar a Dios, y estaba contento con la clase de persona que Dios lo había hecho. No sentía que necesitara cambiar nada.

— — —

Rubén detestaba la ancianidad, y detestaba estar solo. Odiaba no tener una compañera para compartir su vida, pero para ser sincero, lo que realmente detestaba era la pérdida de su vida sexual. No podía dejar de pensar en ello. No le encontraba sentido y esto lo amargaba. Se sentía lleno de vida y virilidad, pero no había sexo en su futuro. No le encontraba sentido a que Dios lo diseñara con esta clase de cuerpo y de deseos pero le prohibiera expresarlos, sencillamente porque su esposa había muerto y él estaba solo. ¿Qué se suponía que hiciera con sus sentimientos y necesidades? «Sí, soy viejo, pero no estoy muerto», se decía.

Envidiaba a las parejas jóvenes en la iglesia y fantaseaba con su vida sexual. Miraba a las mujeres más jóvenes y se preguntaba si alguna se sentiría atraída hacia él alguna vez. Sentía que su vida ya era una broma de mal gusto, o quizás alguna clase de castigo divino. No podía imaginar seguir viviendo así. Hubiese preferido estar muerto.

— — —

Eugenia no sentía ninguna atracción sexual hacia su esposo. Desde que se habían casado, él había aumentado unos 15 kilos (35 libras). El cuerpo atlético del hombre con el cual se había casado se había transformado en este regordete que pasaba la mayor parte de su tiempo sentado con ropa de gimnasia, mirando deportes que ya no tenía energía para jugar. Cuando Eugenia veía su cuerpo, se le quitaban las ganas de tener intimidad. Cuando intentaban tener relaciones sexuales, en lo único que podía pensar ella era en el tamaño de la barriga de su esposo. De vez en cuando, sucumbía ante sus avances, pero tenía que esforzarse para fingir hasta el final y asegurarse de que él estuviera lo suficientemente satisfecho como para dejarla en paz unos días.

Eugenia fantaseaba con estar casada con un hombre atractivo y en forma. Soñaba con una relación sexual donde sintiera músculos en lugar de gordura. Se sentía desdichada y atrapada. Esto la hacía enojar. No podía imaginar vivir el resto de su vida de esa manera. Tenía deseos sexuales que necesitaba satisfacer, pero no por Mofletes (el sobrenombre cruel que Eugenia le había dado a su esposo). Es más, cuando tenía relaciones sexuales con su esposo, solía pasar el momento fantaseando que estaba con otra persona. Se encontró consumiendo más y más de las novelas románticas que parecían estar por todas partes. Había construido una vida sexual indirecta, viviendo en mundos de atracción y seducción que no existían, pero que la alejaban de la prisión en la cual se había metido.

No hubo ninguna decisión consciente en determinado momento, pero Eugenia comenzó a planear su escape. Pensaba en qué le diría a su esposo y en cómo le daría la noticia a su familia. Se preguntaba cómo se sostendría y dónde viviría. Le preocupaba que hubiera una gran pelea para ver quién se quedaba con los niños. Deseaba volver a sentirse atractiva, y quería sentirse atraída hacia alguien. Quería una relación sexual donde pudiera entregarse verdaderamente, en lugar de tan solo fingir. Estaba cansada de hacer cosas que le revolvían el estómago con alguien que le resultaba repugnante. Y no podía imaginar que Dios quisiera que viviera así. No sabía cómo y todavía no había considerado cuándo, pero sabía que, de alguna manera, se liberaría.

El sexo de visión estrecha

Todas las personas sobre las cuales acabo de escribir sufren de lo mismo. Es más poderoso de lo que ellos creen; han logrado que el sexo se transforme en algo que no es, y han creado una profunda insatisfacción en cada uno de ellos. Lo que modela, controla y en última instancia distorsiona su sexualidad, transformando algo hermoso en oscuro y doloroso es el *sexo de visión estrecha*.

El sexo no es algo que puede existir aislado, por sí mismo. Por diseño, fue hecho para conectar. Fue hecho para vincularse y entenderse en relación con cuestiones grandes, de proporción inmensa y trascendente. El *sexo de visión amplia* se entiende como parte de la manera en que fue diseñada la vida, y en cómo debe ser. El *sexo de visión estrecha*, como es algo aislado, queda secuestrado por los deseos y las motivaciones que le roban su propósito original. El *sexo de visión amplia* reconoce que hay algo superior al placer físico personal. El *sexo de visión estrecha* existe en los pequeños confines de lo que me dará placer en este momento de mi vida. El *sexo de visión amplia* sirve a algo mayor. El *sexo de visión estrecha* es propiedad del individuo, es exigente y se cree con diversos derechos. El *sexo de visión amplia* se somete voluntariamente a las reglas. El *sexo de visión estrecha* escribe sus propias reglas. El *sexo de visión amplia* se ve impulsado por un compromiso con otra persona. El *sexo de visión estrecha* se ve dominado por los placeres personales. El *sexo de visión amplia* es paciente y amable. El *sexo de visión estrecha* hace exigencias impacientes y castiga a las personas cuando no cumplen con lo esperado. El *sexo de visión amplia* se percibe como parte de la vida. El *sexo de visión estrecha* suele tomar el control de tu vida. El *sexo de visión amplia* contribuye a un amor y una adoración más profundos. El *sexo de visión estrecha* lleva a heridas en la relación y rebelión vertical. Dios diseñó el sexo para que estuviera inseparablemente conectado con cuestiones de consecuencia. No funciona de ninguna otra manera.

Nuestros problemas sexuales no son primeramente físicos

A mi esposa Luella y a mí nos encantan los museos de arte. Nos gustan los abstractos de la posguerra. Disfrutamos de ver lo que pueden comunicar la forma, el color, la textura y la luz cuando están yuxtapuestas de maneras interesantes, provocadoras o hermosas.

Yo había visto el detalle de una obra que queríamos ver, pero no me había impresionado. (Un detalle es una sección de una pintura utilizada para propósitos de anuncio y publicidad). El artista era uno de los buenos, así que quise ir a ver la exhibición de todas formas. Cuando vi la pintura de la cual habían sacado el detalle, me quedé boquiabierto. No podía dejar de mirarla. El detalle se había fundido en la pintura —no era lo que sobresalía—, pero la pintura no habría sido la misma sin él.

Lo mismo sucede con el sexo. Cuando existe como una parte aislada y desconectada de nuestras vidas, no solo pierde su belleza contextual sino que comienza a conocerse y a interpretarse como algo que no es. Es por esto que a la sexualidad humana hay que entenderla y experimentarla desde el punto estratégico de una *perspectiva amplia*. Nosotros sencillamente tenemos que admitir con humildad que todo lo que hace que el sexo sea hermoso, emocionante y satisfactorio según el diseño de Dios no nos resulta natural ni intuitivo. Es intuitivo ser egocéntrico, exigente y sentirse con derechos. Es natural querer escribir nuestras propias reglas. Es normal actuar como si nuestro cuerpo nos perteneciera. Es intuitivo pensar que el objetivo de la vida es experimentar nuestra definición personal de felicidad y placer. Es natural ver a los demás como un medio para nuestra propia felicidad. Es normal pensar en la vida en términos físicos y materiales. Es intuitivo vivir el momento. Es intuitivo olvidarse prácticamente de la existencia de Dios y vivir una vida dominada por inquietudes horizontales. Es natural intentar manipular a los que nos rodean para que estén dispuestos a darnos lo que nos haría felices. Es cómodo pensar más de acuerdo a lo que «quiero» que a lo que «debería». Te recuerdo que lo que distorsiona el sexo, lo que tiene el poder de transformarlo en algo dañino y oscuro, no son primordialmente las exigencias físicas mutuas o la manera en que usamos físicamente al otro. Lo que coloca al sexo en un camino que nunca fue hecho para transitar es algo profundamente espiritual. Nuestros mayores problemas sexuales acechan en nuestro interior; no son el resultado de una cultura que se ha vuelto sexualmente loca. La cultura se ha vuelto sexualmente loca debido a lo que acecha en nuestro interior.

Ahora, sé que a algunos de ustedes les costará aceptar esto. Sé que algunos se enojarán y a otros les herirá los sentimientos leerlo, pero lo que voy a decir es necesario. Lo que acabo de describir son las características normales del *sexo de visión estrecha*. Además, son justamente las cosas que tuercen y distorsionan la hermosa creación de Dios, y la meten a presión en algo que nunca tuvo que ser. Sí, el *sexo de visión estrecha* sigue siendo sexo, pero es un sexo distorsionado, como un espejo que cambia la imagen. Así que esta es la aleccionadora confesión: lejos de la gracia de Dios que nos rescata de nosotros mismos, las cuestiones que nos resultan naturales e intuitivas son justamente las que oxidan y arruinan el sexo. Ninguno de nosotros llega al sexo con un corazón neutral. Ninguno se aproxima al sexo libre del yo-ismo de la naturaleza pecaminosa. Ninguno de nosotros llega al sexo con pureza moral. Ninguno de nosotros está libre de la tentación de insertarnos en medio de nuestro mundo, haciendo que todo gire a nuestro alrededor. Ninguno. No se puede simplemente aceptar lo que resulta natural, porque lo que te resulta natural como pecador te llevará de manera invariable por un camino diferente del que el Creador diseñó como bueno.

El sexo pone en evidencia nuestro corazón, y al hacerlo, nos recuerda nuestra necesidad profunda y global de la gracia de Dios que perdona, transforma y finalmente libera. En Su gracia, Dios ha entrado a nuestra lucha con el sexo y ha hecho dos cosas por nosotros. Primero, nos ha dado una perspectiva amplia. Es esa visión de la vida desde lo alto lo que constituye el gran alcance de la Escritura. De esta manera, la Biblia no define simplemente el dominio religioso de nuestra vida; redefine y reorienta cada cosa de nuestra vida, incluida nuestra sexualidad. Pero Dios ha hecho más que eso, por más importante que sea Su Palabra. Nos dio a Jesús, quien entró a nuestra lucha, vivió como nosotros no podíamos vivir, murió la muerte que deberíamos haber muerto, y resucitó, venciendo la muerte, para que tuviéramos todo lo que necesitamos para vivir como Dios quiso... sí, vivir como Dios quiso, incluso en nuestra vida sexual.

Entonces, ¿cómo sería el sexo de visión amplia?

Como ya dije, el *sexo de visión amplia* es sexo conectado. ¿Y a qué está conectado? Está conectado a lo que Dios revela con amor en Su Palabra, como algo vital e importante. Si no miras el sexo (o cualquier otra cosa de tu vida) a través de esta lente, entonces estás mirando de manera incorrecta. Si tu manera de pensar en tu propia sexualidad, tus deseos sexuales o tu definición del buen sexo no incluyen estas cuestiones, tu forma de pensar será inherentemente incorrecta en algún punto o algún grado. Consideremos estas cosas.

1. El sexo está conectado a la existencia de Dios.

Como Dios los creó tanto a ti como al sexo, es imposible entender adecuadamente el sexo y participar de él de forma correcta si en la práctica ignoras a Dios y Su existencia. Por creación, eres de Él y tu vida sexual es de Él. Esto significa que no tienes ningún derecho natural de hacer lo que te parezca con tu vida y con tu cuerpo. No tienes derecho a buscar de manera autónoma la felicidad. Es más, no tienes autonomía. Tu vida vino de Él y le pertenece. El sexo te conecta con Dios, lo reconozcas o no. La manera en que expresas tu sexualidad reconocerá la existencia de Dios y lo honrará o negará Su existencia y se rebelará contra Su autoridad. En el segundo caso, el sexo revelará que crees que tienes una libertad que no tienes, derechos que nunca te fueron dados, y una autoridad que solo le pertenece al Creador.

El sexo que reconoce la existencia de Dios se vuelve el acto hermoso, íntimo y relacional de adoración para lo cual fue creado. En medio de todos sus deleites físicos, no se olvida de Dios. Recuerda que todo lo que se vigoriza y se disfruta en el sexo le pertenece a Él. Descansa en Su control y celebra Su cuidado en medio del más íntimo de los vínculos humanos. Diré mucho más al respecto en los próximos capítulos.

2. El sexo está conectado a la gloria de Dios.

La creación no es suprema. Los goces de la creación fueron diseñados por Dios para disfrutarse, pero el gozo no fue diseñado para ser algo supremo. Todos los deleites de la creación están para dirigirte a un gozo más grande. Todas las glorias del mundo creado están para generarte hambre de una gloria mayor y señalarte dónde puede hallarse esa gloria. Todas las glorias íntimas, tanto físicas como emocionales del sexo, fueron hechas para señalarte a la única gloria para la cual fuiste creado, y mediante la cual tu corazón será satisfecho.

Ahora, esto inmediatamente te revela dos cuestiones prácticas. Primero, el sexo no puede satisfacer tu corazón y jamás lo hará. El propósito del sexo no es llevarte a un punto de satisfacción espiritual. Tal vez estés pensando: «Paul, ¿de qué rayos estás hablando? Nadie espera que el sexo haga eso». De hecho, estoy convencido de que muchas, muchas personas sí lo esperan. Esperan que el sexo haga algo que nunca fue diseñado para hacer. Una vez, aconsejé a una mujer que dijo que había tenido relaciones sexuales con al menos 100 hombres, y me dijo que haría cualquier cosa (sexual) con tal de escuchar que un hombre le susurrara al oído: «Te amo». ¿Te das cuenta de lo que hacía? Esperaba obtener identidad, valor y esa sensación de paz interior a través del sexo. El sexo no podía darle lo que ella esperaba, así que tenía que volver a lo mismo una y otra vez, cada vez alejándose más de su objetivo. El sexo jamás le daría lo que estaba pidiendo; solo el Dios que creó el sexo podía hacerlo, y el sexo fue creado para señalarlo a Él.

Sin embargo, es necesario entender algo fundamental aquí. En nuestra vida sexual, necesitamos ser impulsados por una gloria mayor que la nuestra. El sexo *es* glorioso, y nos hace sentir poderosos, conectados y vivos. Pero no debemos apropiarnos de estas glorias. Fuimos creados para vivir en los lugares más íntimos y personales de nuestras vidas para una gloria mayor que la nuestra, la gloria de Dios. Tal vez pienses: «Pero ¿cómo se logra eso en medio del juego previo o del acto sexual?». Sigue leyendo. Los capítulos siguientes desentrañarán esto de manera más práctica.

3. El sexo está conectado al propósito de Dios.
Tú y yo no vivimos por instinto. Somos seres orientados por un propósito, según el diseño de Dios. Todo lo que haces lo haces con una razón, te des cuenta o no. En el sexo, siempre te motiva un propósito. Tal vez tu único propósito sea el placer erótico personal. Quizás tu propósito sea la satisfacción erótica mutua. Tal vez tu propósito sea una relación sexual más frecuente. Ninguna de estas cosas es mala en sí misma, si está conectada al propósito más grande de Dios, y protegida por él. Como ya dijimos, todo lo que fue hecho por las manos de Dios tiene un propósito. Así que en cuanto al sexo, como en todo lo demás, debes preguntar: «¿Cuál es el propósito de Dios para esta relación irresistible e íntima?».

Una de las razones por las cuales el sexo se distorsiona, se transforma en algo que Dios nunca quiso que fuera y termina siendo hiriente, oscuro y peligroso es que, en este mundo caído, suele estar motivado por un propósito que llega hasta el placer del individuo. De esa manera, los adolescentes egoístas obligan a sus novias a practicarles sexo oral. Las mujeres materialistas ven la pornografía como una manera de hacer mucho dinero rápidamente. Los hombres casados usan a sus esposas para su propio placer, sin importarles si se sienten amadas y cuidadas. Las mujeres solteras usan su sexualidad para obtener atención y aceptación. Los solteros navegan por internet para encontrar placer sexual. Los adolescentes en la escuela secundaria pasan tiempo a escondidas en el vestuario, haciendo chistes groseros e inmaduros. Los publicistas usan el sexo para vender prácticamente cualquier cosa. Los hombres poderosos usan su poder para obtener lo que le pertenece a otra persona.

El único momento en el cual el sexo es seguro es cuando todo lo que pensamos, deseamos, decimos y hacemos en nuestra vida sexual está dirigido y protegido por el claro propósito de Dios según lo revela Su Palabra, lo cual nos lleva al siguiente punto.

4. El sexo está conectado a la revelación de Dios.

El Dios que creó este mundo y que actúa para mantenerlo unido no solo actúa, sino que también habla. Ha hablado en Su Palabra. Esta revelación de Él, de Su plan y Su propósito para el mundo debe ser la herramienta suprema y predominante para interpretar la vida. En la Palabra de Dios, llego a conocer quién es Él, quién soy yo y de qué se trata la vida. En la Palabra de Dios, descubro qué es el sexo y para quién es. En la Palabra de Dios, descubro las actitudes, las decisiones y las acciones que hacen que el sexo sea eso santo que Dios creó. Y en la Palabra de Dios, descubro cómo el pecado distorsiona el sexo, qué prohíbe Dios y cuáles tentaciones debo evitar en sumisión al Señor y para protegerme a mí mismo.

Se podría argumentar que la Biblia es un manual sobre el sexo. Establece el propósito original de Dios para él, detalla cómo el pecado redirige los pensamientos y las motivaciones de mi corazón, habla de lo que Dios ha mandado y prohibido, me ofrece estudios de caso y señala el rescate de gracia necesario... a ese grado me proporciona toda la información esencial para el corazón y la vida que necesito para ser lo que debo ser y hacer lo que se supone que haga en esta área crítica de la vida humana.

El sexo es peligroso cuando se busca fuera de la información esencial que solo se obtiene a través de la revelación divina. No se puede obtener mediante la experiencia individual ni la investigación colectiva. Después de todo, Dios te hizo; no le sorprende que seas un ser sexual. Así que, tal como en otras áreas críticas de tu vida, te ha hablado sobre el sexo con palabras de sabiduría y gracia que no escucharás en ninguna otra parte.

5. *El sexo está conectado a la redención de Dios.*

El sexo ocurre entre lo que ya sucedió y lo que vendrá. Jesús ya vino, la Palabra ya fue dada, el Espíritu ya fue enviado, pero el mundo todavía no ha sido restaurado, el pecado todavía no ha sido erradicado, y aún no has sido liberado finalmente del pecado. Así que nuestra vida como seres sexuales se vive en medio de un mundo drásticamente caótico y quebrantado, que clama pidiendo redención. Hasta que este mundo sea plenamente restaurado por su Salvador y Creador a la condición en la que fue creado, las tentaciones seductoras, el engaño, la destrucción y la muerte seguirán vivos. Tu mundo de sexualidad tendrá tentaciones, donde voces mentirosas te harán promesas que no pueden cumplir, atrayéndote a salir de los límites del propósito y el plan sabios de Dios.

En este mundo de tentación, verás cosas que tus ojos nunca tendrían que haber visto. Te dirán cosas que sencillamente son falsas. Te ofrecerán cosas que no debes aceptar. Estarás expuesto a un uso del sexo que Dios nunca quiso. Lo que es peligroso se te presentará como algo saludable y correcto, y lo que es malo a los ojos de Dios se te propondrá como algo bueno y agradable. Lo que aprendas sobre el sexo estará lleno de desatinos y distorsiones. Casi no podrás vivir un solo día sin que tus valores morales se vean atacados o desafiados de alguna manera.

Pero hay otra realidad fundamental entre lo que ya sucedió y lo que todavía no ha llegado. Me refiero a que el pecado sigue viviendo con poder en tu interior. Tu problema no es simplemente que vives en un mundo quebrantado, donde las tentaciones te acechan por todas partes; tu problema es que eres susceptible a la tentación debido a la iniquidad moral que sigue existiendo en tu corazón. Ya lo he dicho, pero vale la pena repetirlo: lo único que nos conecta con el mal de afuera es el mal que mora en nosotros. Es lo que quiere decir la Biblia cuando afirma que para los puros, todas las cosas son puras (Tito 1:15).

Pero yo no soy puro. Por gracia de Dios, estoy creciendo en pureza, pero todavía no estoy ahí, así que llevo conmigo una vulnerabilidad a la tentación. Soy capaz de anhelar las cosas que debería resistir de inmediato. Soy susceptible a desear cosas que debería detestar en realidad. Me veo tentado a mirar fijamente cuestiones a las que debería cerrar los ojos. Y con todo esto, puedo engañarme a mí mismo y convencerme de que estoy bien, de que las cosas que he deseado o hecho no son tan malas después de todo.

El sexo verdaderamente expone el profundo y pecaminoso egoísmo de nuestro corazón. Nos muestra sin duda que en la intersección entre el hambre y la tentación, somos bien capaces de ser desleales y rebeldes. Revela que nuestros placeres suelen ser más valiosos para nosotros que los propósitos de Dios. El sexo expone que los deseos de autonomía y autogobierno siguen estando en nuestro interior. El sexo demuestra que no siempre amo a mi prójimo como a mí mismo; que, en realidad, en ciertos aspectos, todavía estoy dispuesto a usar a otro ser humano para mis propios propósitos y placeres. El sexo muestra cuán fácil es obrar como alguien que padece amnesia de Dios, aunque en mi teología reconozca Su existencia.

Todo esto significa que el sexo me conecta de inmediato con mi propia necesidad de redención y la del mundo. La esperanza para el sexo en la cultura humana no es más educación sexual ni una mejor anticoncepción. La esperanza para el sexo en la cultura humana no es algo; es una persona, y se llama Jesús. El sexo gime pidiendo redención y, al hacerlo, extiende la mano en busca del Salvador. Además, la sexualidad humana solo será plenamente aquello para lo cual fue creada cuando Él haya hecho todas las cosas nuevas.

6. *El sexo está conectado a la eternidad de Dios.*

Por último, el sexo te conecta con la eternidad y con tu necesidad del reino venidero. El sexo no se puede divorciar del plan eterno de Dios. Tú y yo no debemos vivir en este momento como si fuera lo único que existiera. Hay más y mejores cosas por venir. Entonces, ¿de qué se trata este momento de sexo? Este momento de sexo no es un destino, sino parte de tu preparación para el destino final. Todas las luchas de la sexualidad no impiden el plan de Dios, sino que son parte del mismo. Dios sabía que nos estaba dejando en este mundo caído durante un período de tiempo. Sabía bien lo que enfrentaríamos aquí. En manos de Dios, todo el desorden y la confusión entre lo que ya sucedió y lo que vendrá deben ser algo transformador, para que a través de las dificultades y las pruebas nos volvamos personas listas para la eternidad que pasaremos con Él como hijos redimidos.

Sin embargo, hay más. Dios ha grabado de forma indeleble la eternidad en nuestros corazones. Eso significa que en todos nosotros hay un deseo del paraíso. Pero no experimentarás el paraíso aquí y ahora. Y si intentas transformar este momento presente en el paraíso que tanto anhelas, te volverás ansioso, controlador, desilusionado, frustrado, exigente y, en última instancia, desanimado y amargado. Tu cónyuge nunca será el amante perfecto. Nunca experimentarás un sexo paradisíaco aquí y ahora. Celebra las cosas buenas que Dios te da aquí y ahora, conténtate y sigue recordándote que te estás preparando para la maravillosa eternidad que vendrá.

El problema era que nadie le explicó la conexión del sexo a Luis. Su despertar sexual ocurrió una tarde, cuando encontró una reserva oculta de revistas pornográficas de los 70 que su padre había escondido durante años. De inmediato, se sintió vivo y magnetizado. No entendía lo que acababa de sucederle, pero quería más. Fue una bienvenida triste y seductora al mundo del *sexo de visión estrecha*. Era placer solo por placer, sexo solo por sexo. Durante los próximos dos años, Luis visitó aquella reserva escondida casi a diario. Al poco tiempo, empezó a intentar robarle un beso a las muchachas en la escuela o a rozarlas cuando se diera la ocasión. Robaba pornografía del puesto local de periódicos y buscaba carteles de películas que mostraran desnudez.

Sus años universitarios consistieron en fantasías y conquistas sexuales. Probablemente, pensaba más en el sexo que en sus estudios, pero no creía que fuera un problema. En su último año, a través de un ministerio universitario, Luis hizo una confesión de fe. Pronto descubrió que no podía seguir viviendo igual. Pero su obsesión no terminó allí y fracasó una y otra vez. Y a pesar de todas las reglas a las que se sometía, su visión del sexo seguía siendo bastante aislada, de visión estrecha. Tiene sentido que el deseo de casarse comenzara a crecer en él. Era la única manera «legal» de tener relaciones sexuales, aunque no era consciente de hasta qué punto esa era su verdadera motivación para casarse. Además, pensaba que casarse resolvería su problema sexual al proporcionarle una satisfacción regular.

Sin embargo, el matrimonio no resolvió su problema. Al poco tiempo de casarse, su esposa empezó a sentirse usada más que amada, y Luis empezó a vivir una vida secreta de sexo ilícito. Cuando Susana encontró su reserva secreta de internet, se sintió desconsolada, aunque no sorprendida.

Entonces, Luis enfrentó la profundidad de su necesidad... no, no de una cosmovisión sexual más bíblica, sino su necesidad de gracia. Cuando se mira de la manera adecuada, el sexo siempre te conecta con la existencia y el plan de Dios; te conecta con la realidad de que tú y todo lo que hay en tu vida fueron hechos para Él, y de que no puedes ser lo que fuiste creado para ser ni hacer lo que debes hacer sin Su gracia. Ahora bien, esto puede parecerle extraño a algunos e irreverente a otros, pero es necesario decirlo: bajo la correcta perspectiva, el sexo predica el evangelio de Jesucristo. El sexo habla de lo roto que está este mundo, y revela lo débil y rebelde que eres. Al revelarte estas cosas, te señala tu necesidad de un Salvador y la esperanza que no se encuentra en una mejor educación ni una resolución humana más firme, sino en Su gracia que perdona, transforma, empodera y libera.

El *sexo de visión amplia* reconoce a Dios, admite el pecado y celebra la gracia, de manera que crece tanto en pureza como en contentamiento. El *sexo de visión estrecha* vive en una negación desconectada y nunca se dirige por buen camino. ¿Dónde vive tu sexualidad?

Para repasar y reflexionar

1. Enumera los criterios del *sexo de visión estrecha* y del *sexo de visión amplia*. ¿Qué criterios te impresionan más y por qué?

2. El sexo está integralmente conectado con Dios de maneras vitales. Escribe una frase sucinta para cada una de estas maneras:

   La existencia de Dios:

   La gloria de Dios:

   El propósito de Dios:

   La revelación de Dios:

   La redención de Dios:

   La eternidad de Dios:

3. ¿Cómo definirías tu propósito en la vida, y cómo ha formado tu sexualidad esta definición? Identifica maneras en las cuales tus actividades personales no se alineen con el propósito de Dios para ti. ¿Cómo te guía 1 Corintios 6:18-20 a reajustarte?

4. ¿Qué quiso decir el apóstol Pablo cuando escribió «Para los puros todo es puro» (Tito 1:15)?

5. ¿Qué impacto ha tenido un anhelo del paraíso sobre tu vida sexual, tanto en el pasado como el presente?

Reinicia tu corazón

- 1 Corintios 7:1-5

- Tito 1:15

7

Si el sexo tiene que ver con la adoración, entonces no puede tratarse solo de ti

Entonces, ¿de dónde ha salido toda esta locura sexual? ¿Cuál es la causa? Una vez más, esta locura no es culpa del entretenimiento, de los anuncios, de alguna moda o de las industrias cibernéticas. La causa es mucho más fundacional. Ya sea que se trate de un ejecutivo que usa el sexo para vender un producto y aumentar su beneficio económico y su éxito personal, de un adolescente que usa el sexo para otro estremecimiento inmaduro, de un anciano que toca inapropiadamente a una enfermera, de la joven que usa el sexo para obtener las riquezas de un anciano, del esposo que tiene relaciones sexuales con una mujer que no es su esposa, del ejecutivo de televisión obsesionado con los *ratings* que le agrega sexo a una comedia aunque no es necesario para la trama, cada persona está haciendo lo mismo. En maneras que no comprenden, forman parte de la locura. Es más, cada uno está haciendo algo que impulsa la locura sexual que encontramos por todas partes.

Todos ellos están abordando el sexo como algo propio, como algo que les pertenece y que usan para el propósito que deciden.

El sexo se transforma en su posesión, su producto y su herramienta. Es una visión completamente egocéntrica de la sexualidad humana. Estoy profundamente persuadido de que la locura sexual que marca la cultura humana es un resultado directo de la *individualización* del sexo. Se trata del sexo para mi propósito, mi placer y según mis planes. De esto hablaremos en los próximos tres capítulos. El sexo según el diseño sabio y misericordioso de Dios sencillamente no puede tratarse solo de mí. Esta *individualización* del sexo no puede funcionar. Nunca resultará en lo que Dios ideó. Jamás podrá guardar al sexo de la distorsión y la oscuridad. Nunca podrá protegerlo del mal uso y del abuso. El sexo *individualizado* sencillamente no puede y no conducirá por buen camino.

La *individualización* del sexo quebranta tres principios bíblicos fundamentales: la adoración, la relación y la obediencia. Los próximos tres capítulos considerarán el sexo desde la posición estratégica de estos tres principios.

El sexo es un acto de adoración

Hay dos palabras que parecen extrañas cuando se las coloca una junto a la otra: *sexo* y *adoración*. Es intuitivo interpretar que estas dos palabras captan dos mundos separados y bien distintos. Sin embargo, la adoración y el sexo, propiamente entendidos, no pueden separarse. El sexo es un acto de adoración, y la verdadera adoración a Dios determinará lo que sucede en tu vida sexual. Es más, incluso la persona menos religiosa expresa adoración cada vez que participa de alguna clase de actividad sexual, ya sea mental o física. Permíteme decirlo de esta manera: con el sexo, siempre estás adorando algo. La vida sexual se modela según la adoración a Dios, la adoración a uno mismo, la adoración al compañero sexual o la adoración a lo que uno obtiene del sexo. Esto significa que en el sexo, se le rinde el corazón a algo. Las cosas que decimos, que hacemos y que buscamos en el sexo están todas gobernadas por un deseo. En esta actividad humana tan íntima, revelas aquello para lo cual te diseñó Dios: para ser un adorador.

Nunca dejas de lado tu naturaleza de adorador cuando tienes relaciones sexuales. Tú y yo hemos adorado en cada momento de cualquier clase de actividad sexual a la que nos hayamos entregado.

Piensa un momento cómo cambiaría tu vida sexual si tomaras en serio la naturaleza adoradora de tu humanidad. Piensa en la diferencia que se produciría si siempre conectaras el sexo con la adoración. Piensa en qué cambiaría en tus pensamientos, tus deseos, tus decisiones y tus acciones sexuales. Verás, si el sexo se trata de adorarte a ti («Quiero gobernar mi vida y hacer lo que yo deseo»), nunca funcionará como Dios quiso. Si el sexo se trata de adorar a tu pareja («No puedo vivir sin el amor de esta persona»), nunca funcionará como Dios quiso. O si el sexo se trata de adorar lo que obtienes de él («No puedo vivir sin lo que saco del sexo»), nunca funcionará como Dios quiso. La adoración de cualquier cosa que no sea Dios siempre termina en la adoración de uno mismo y en la *individualización* de las cosas que fueron diseñadas por Dios para conectarnos con cuestiones más grandes que nuestros deseos, necesidades y placeres.

En el Nuevo Testamento, hay un pasaje que llega al meollo práctico de lo que significa conectar el sexo y la adoración. Explica lo que significa abordar tu sexualidad como adorador a Dios y reconocer prácticamente que, si el sexo se trata de adorar, no puede tratarse solo de ti. Lee con atención las palabras de este pasaje:

> «Todo me está permitido», pero no todo es para mi bien. «Todo me está permitido», pero no dejaré que nada me domine. «Los alimentos son para el estómago y el estómago para los alimentos»; así es, y Dios los destruirá a ambos. Pero el cuerpo no es para la inmoralidad sexual, sino para el Señor, y el Señor para el cuerpo. Con su poder Dios resucitó al Señor, y nos resucitará también a nosotros. ¿No saben que sus cuerpos son miembros de Cristo mismo? ¿Tomaré acaso los miembros de Cristo para unirlos con una prostituta? ¡Jamás! ¿No saben que el que se une a una prostituta se hace un solo cuerpo con ella? Pues la Escritura dice: «Los dos llegarán a ser un solo cuerpo». Pero el que se une

al Señor se hace uno con él en espíritu. Huyan de la inmoralidad sexual. Todos los demás pecados que una persona comete quedan fuera de su cuerpo; pero el que comete inmoralidades sexuales peca contra su propio cuerpo. ¿Acaso no saben que su cuerpo es templo del Espíritu Santo, quien está en ustedes y al que han recibido de parte de Dios? Ustedes no son sus propios dueños; fueron comprados por un precio. Por tanto, honren con su cuerpo a Dios. (1 Cor. 6:12-20)

Pablo mira el tema del sexo a través de la lente de cuatro principios de adoración y dos mandamientos a adorar. Cada uno de los principios de adoración te señalan tu identidad como hijo de Dios:

- Señorío: Fui diseñado para adorar.
- Eternidad: Fui preprogramado para la eternidad.
- Unidad: La gracia me ha hecho uno con Jesucristo.
- Propiedad: Ahora le pertenezco a Cristo.

Las palabras del apóstol en 1 Corintios 6 son la presentación más útil y práctica de las repercusiones de la adoración sobre las áreas más íntimas y personales de la vida que encontrarás en toda la Escritura. Creo que, durante años, tuve una visión no bíblica de mi propia sexualidad. No me refiero al pecado sexual en mi vida. Estoy hablando de la falta de una visión firmemente bíblica de esta parte tan importante de la existencia humana. Mi visión bíblica del sexo estaba limitada a un catálogo de cosas que Dios decía que no podía hacer. Era una visión confinada de la Biblia y del sexo. Era como si lo único que hiciera la Biblia fuera definir los límites dentro de los cuales debes permanecer. Así que creía que, siempre y cuando permaneciera dentro de esos límites, el sexo me pertenecía para mi propio placer. Creo que muchos, muchos cristianos tienen esta visión. Equivocadamente, piensan que la relación de la Biblia con el sexo es normativa y no mucho más que eso. Sin embargo, esta comprensión legal de la Biblia y el sexo no me ayudó ni me protegió como pensaba que lo haría.

La ley de Dios es excelente en cuanto a exponer el pecado. Es una guía maravillosa para saber cómo fuiste diseñado para vivir. Pero la ley no tiene el poder de vencer el pecado ni de librarte de él. El problema con esta visión de la Biblia como un libro de límites para el sexo es que no buscas ni obtienes ayuda bíblica para el lugar donde se lleva a cabo la verdadera batalla sexual. Mi problema no es que ignore lo que Dios dice que está bien o mal respecto al sexo; mi problema es que, incluso sabiéndolo, sigo deseando y haciendo lo que no debo. Mi problema es que sigue habiendo veces en las que no me importa lo que Dios dice que está bien o mal. Quiero lo que quiero. Obtendré lo que quiero. Usaré lo que me fue dado para el propósito que yo elija. Es con esta lucha más profunda con la cual necesito ayuda. Es debido a esta lucha más profunda que Jesús tuvo que venir. Se podría decir que Jesús vino a rescatar el sexo o, quizás más explícitamente, a rescatarte de ti mismo en el sexo. Lo que Pablo dice se arraiga en este nivel más profundo.

El sexo y cuatro principios ineludibles de la adoración

1. *El principio del señorío*

El principio del señorío es el principio de los principios. Trata del diseño, la lucha y la solución. Sencillamente no se puede entender la lucha sexual y cómo se soluciona sin comprender este principio. Vuelve a escuchar las palabras de Pablo: «"Todo me está permitido", pero no todo es para mi bien. "Todo me está permitido", pero no dejaré que nada me domine. "Los alimentos son para el estómago y el estómago para los alimentos"; así es, y Dios los destruirá a ambos. Pero el cuerpo no es para la inmoralidad sexual, sino para el Señor, y el Señor para el cuerpo» (1 Cor. 6:12-13). Desentrañemos la estruendosa importancia de estas breves oraciones.

Cuando Pablo afirma: «Todo me está permitido», no está proporcionando su cosmovisión; está imitando el error conceptual de las personas que lo rodean. El antinomianismo clásico diría que, como Cristo cumplió la ley, ya no tengo que vivir bajo sus reque-rimientos. Soy libre de la ley, punto y aparte. Sí, soy libre de los requisitos de la ley en cuanto a ganar la aceptación de Dios, pero no soy libre de la ley en cuanto a que es la normativa moral de Dios decretada sobre mi vida como Su criatura. Pero la respuesta de Pablo a esta cosmovisión de falso evangelio es incluso más con-tundente y elocuente que una mera crítica de esta malinterpretación de la obra de Cristo y la ley de Dios. En esencia, responde: «Incluso si todo fuera legal, seguiría teniendo un problema, porque en lo que se refiere al sexo, no solo tengo un problema legal; tengo un problema de señorío. Debido a mi problema de señorío, incluso las cosas buenas de Dios se vuelven malas porque comienzan a gobernar. Mi lucha es más profunda que una ignorancia o una mala interpretación de la ley divina. Mi problema es que hay momentos en los que me rebelo contra la ley de Dios porque le he entregado mi corazón a otro señor».

Pablo está afirmando: «En cuanto a cosas como el sexo, mi pro-blema es un corazón inconstante, errante y fácilmente desleal. Digo que Jesús es mi Señor, pero diariamente soy tentado a entregar mi corazón al gobierno de otros señores». Verás, entre lo que ya sucedió y lo que todavía no ha llegado, cada día es una lucha de señoríos. Cada día en todas las áreas de mi vida, se libra una batalla de señores en mi corazón. Cada día, soy tentado a cambiar de amo. Cada día, soy tentado a convencerme de que está bien entregarle mi corazón a un señor que no sea Jesús por apenas unos minutos; después de todo y a fin de cuentas, ¿qué diferencia puede hacer esto?

El sexo es apenas un ítem en una lista de todo un catálogo de cosas buenas que pueden transformarse en malas cuando comienzan a gobernar. Si permites que tu corazón sea gobernado por el sexo, el placer sexual, el poder sexual o cualquier otra cosa que te propor-cione el sexo, no solo harás un mal uso de este don de Dios, sino que también terminarás controlado por él. La distorsión y la adicción sexual existen no porque el sexo en sí sea malo, sino porque lo hemos colocado en un lugar que Dios nunca quiso que tuviera.

Entonces, ¿qué hacemos respecto a esta lucha de señores? ¿Qué hacemos sobre nuestro corazón voluble y errante? ¿Cómo nos protegemos de la locura de ser dominados por otro que no sea nuestro verdadero Amo? Bueno, volvamos a las palabras de Pablo.

¿Por qué inserta «"Los alimentos son para el estómago y el estómago para los alimentos"; así es, y Dios los destruirá a ambos»? Aquí, Pablo recita otro error conceptual popular que, en esencia, declara: «No importa lo que hagas con tu cuerpo, porque al final, tanto tu cuerpo como lo que lo llena serán destruidos».

Y, tal como hizo con el primer error conceptual, Pablo responde a esta cosmovisión de falso evangelio con el principio del señorío. Lo que haces con tu cuerpo aquí y ahora sí importa, porque tu cuerpo tiene un amo: el Señor mismo. Nunca se puede entender correctamente el evangelio de Jesucristo y llegar a la conclusión de que lo que haces con tu cuerpo es asunto tuyo, o que lo que haces con tu cuerpo no tiene consecuencia. Jesús te da Su gracia no para librarte para vivir como si fueras el rey, sino para vivir con la libertad de honrarlo a Él como Rey.

Ahora, ¿qué tiene que ver todo esto con el sexo? La respuesta es: todo. El sexo es un área en la cual revelo de manera más poderosa y práctica lo que gobierna verdaderamente mi corazón. Mi vida sexual está formada y dirigida por aquello que es mi señor en la práctica. Y la única manera en que permaneceré dentro de los sabios límites de Dios es cuando Él sea el gobernador funcional de mi corazón. ¿Acaso esto te desalienta? ¡A mí sí! Porque no me va demasiado bien a la hora de mantener a Dios en el centro de mi vida todo el tiempo y todos los días. Soy experto en convencerme de que hay cosas que merezco o cosas sin las cuales no puedo vivir. Soy experto en convencerme de que esta pequeña transgresión, tan solo esta, no es tan importante. No sé cómo evitar que mi corazón sea inconstante. No creo que tenga el poder de mantenerme a salvo.

Aquí es donde este primer principio nos predica el evangelio. Mi esperanza en la lucha por la pureza sexual o cualquier otra victoria sobre el pecado no se encuentra en mi perfecta sumisión a Cristo como mi amo, sino en Su perfecta sumisión a la voluntad del Padre por mí. En mi pecado, mi debilidad y mi lucha, no tengo por qué estar paralizado por el temor o esconderme en vergüenza. Puedo parame ante un Dios santo, así roto como estoy, y clamar pidiendo Su perdón, ayuda, protección y rescate. Y no tengo por qué temer a Su rechazo, porque mi posición ante Él se basa en la justicia del Salvador, no en mi propia justicia.

Sin embargo, hay algo más. El evangelio de Jesucristo también me garantiza ayuda en esta lucha de señorío. Jesús está conmigo, en mí y a mi favor. Lucha por mí incluso cuando yo no encuentro ni el tino ni la voluntad para luchar. Ahora, ¡eso sí que es esperanza!

2. El principio de la eternidad

Este segundo principio de adoración, el principio de la eternidad, tiene igual importancia. Vuelve a escuchar las palabras de Pablo: «Con su poder Dios resucitó al Señor, y nos resucitará también a nosotros» (1 Cor. 6:14). ¿Por qué Pablo intercala esta frase sobre la resurrección de Jesús y nuestra futura resurrección? La respuesta es que Pablo se conoce a sí mismo y conoce a su audiencia. Una cuestión fundamental en la lucha sexual es nuestra tendencia a tratar un momento particular de la vida como si fuera lo único que existe, lo único que tenemos. Permíteme que recapitule.

Por diseño de Dios, tú y yo estamos preprogramados para la eternidad. Eso significa que todo ser humano lleva consigo un deseo del paraíso. Así que hay solo dos maneras de vivir. O piensas que esto es lo único que hay y, por lo tanto, tomas el control de tu vida y de tus relaciones e intentas transformar este momento en la eternidad que nunca será, o entiendes que este momento no es tu destino final, sino una preparación para un destino que vendrá.

Estas representan dos maneras ampliamente distintas de vivir. La primera persona se dice a sí misma que solo estará aquí esta vez, así que lo mejor es obtener todo el placer que pueda antes de que la muerte lo saque del juego. La otra persona reconoce el caos del mundo, los placeres temporales e insatisfactorios del aquí y ahora, y pone la mira en los goces eternos que vendrán. La amnesia de la eternidad hace un desastre con el sexo. Pone el foco sobre el placer presente en vez de en el gozo eterno. Nos lleva a ser impulsados, en lugar de pacientes y apacibles. Disminuye la trascendencia eterna de las pequeñas decisiones, haciendo que la vida se trate más de lo que hemos podido experimentar que de la manera en que vivimos. Nos lleva a dejar de concentrarnos en el propósito de Dios al crearnos y a mirar y buscar nuestro placer personal. Nos hace esperar una satisfacción que no encontraremos de este lado de la eternidad, y a buscarla en lugares donde sencillamente es imposible hallarla.

Tal vez te suene extraño, pero tú y yo fuimos hechos para tener relaciones sexuales (dentro de los límites establecidos por Dios) con la eternidad en mente. Fuimos hechos para saber que el sexo nunca será el paraíso que estamos buscando. Fuimos hechos para entender que el sexo nunca satisfará nuestro corazón. Fuimos hechos para comprender que un momento en particular se trata más sobre la adversidad de la preparación que sobre la búsqueda del placer personal. Nuestra vida sexual fue hecha para estar protegida por la visión a largo plazo de la vida. Vivir con la eternidad a la vista es una de las cosas que Dios usa para dirigir y purificar nuestra existencia sexual. Entre lo que ya sucedió y lo que aún no llegó, es mucho mejor vivir nuestra vida sexual según una esperanza sosegada (lo mejor está por venir) en lugar de un hambre temeroso (esto es lo único que tengo; lo mejor es obtener todo lo que puedo).

Si eres un hijo de Dios, la resurrección de Jesús te garantiza un futuro mucho más allá de la gloria de cualquier placer que experimentes en este mundo quebrantado del aquí y el ahora. Una vez más, Jesús vivió con la eternidad a la vista en todo sentido, y lo hizo por tu bien, para que pudieras tener la gracia que necesitas para vivir por algo mayor que estos placeres temporales del aquí y el ahora, incluido el sexo.

3. El principio de la unidad

Aquí, en el principio de la unidad, Pablo plantea uno de los misterios más preciosos del evangelio. Escucha sus palabras:

> ¿No saben que sus cuerpos son miembros de Cristo mismo? ¿Tomaré acaso los miembros de Cristo para unirlos con una prostituta? ¡Jamás! ¿No saben que el que se une a una prostituta se hace un solo cuerpo con ella? Pues la Escritura dice: «Los dos llegarán a ser un solo cuerpo». Pero el que se une al Señor se hace uno con él en espíritu. Huyan de la inmoralidad sexual. Todos los demás pecados que una persona comete quedan fuera de su cuerpo; pero el que comete inmoralidades sexuales peca contra su propio cuerpo. (1 Cor. 6:15-18)

Con un lenguaje impactante y aleccionador, Pablo nos recuerda algo que siempre debemos recordar al tratar con las relaciones, los placeres y las tentaciones de este mundo caído del aquí y ahora. Si eres un hijo de Dios, te has unido a Cristo. Esta no es solo una realidad espiritual amorfa, sino también una física. Todo lo que constituye tu identidad se ha unido a Cristo. Tus cualidades emotivas, físicas y mentales, tu personalidad, tu psicología y tu espiritualidad todas han sido unidas a Cristo.

Esto significa que llevas a Cristo contigo dondequiera que estás y a lo que sea que estés haciendo. La unión con Cristo implica que tu vida no está bifurcada. No tienes a Cristo y la parte espiritual de tu vida al costado de todo lo demás. Él *es tu vida*. Es Cristo en ti y contigo durante los momentos más íntimos, secretos y, sí, incluso oscuros de tu vida. Él está unido a cada pensamiento y deseo. Está conectado con cada fantasía y decisión. Está allí durante cada acción y reacción.

Así que Pablo hace la pregunta clave: «¿Tomaré acaso los miembros de Cristo [las partes de mi cuerpo] para unirlos con una prostituta?» (v. 15). ¡Qué perspectiva del pecado sexual! Es mucho, mucho más que una ruptura de alguna ley abstracta y antigua que Dios haya decidido imponernos. No, para mí como creyente, el pecado sexual es una violación espantosa de mi relación con Cristo. Implica amar tan profundamente mi propio placer que estoy dispuesto a conectar al Santo con lo perverso. Pablo está describiendo un acto impensable de egoísmo, deslealtad y rebelión. Como soy uno con Cristo y el sexo crea un vínculo de una sola carne con una prostituta, en esencia, en mi egoísmo, estoy dispuesto a unir a Cristo con una prostituta. Con razón Pablo exclama: «¡Jamás!» (v. 15).

Estoy profundamente persuadido de que hay pocas cosas más protectoras y purificantes para tener en mente al lidiar con el deseo y la tentación sexuales que la realidad y la totalidad de tu unión con tu Salvador. Jesucristo está en ti y tú estás en Él, incluso en los momentos más secretos y santos de tu vida sexual. Y también está contigo en los momentos menos santos.

¿Acaso esto te hace temer? ¿Te produce vergüenza? ¿Culpa? ¿Te sientes paralizado? Esta hermosa unión con Cristo, la cual solo la gracia podía crear, también te garantiza toda la gracia que necesitas para vivir dentro de esa realidad. Te garantiza toda la gracia que necesitas para guerrear contra tus deseos. Te brinda toda la gracia que necesitas para decir que no a lo que no es santo y que sí a lo que es agradable a los ojos de Aquel a quien estás unido. Y te ofrece el perdón que necesitarás cuando vuelvas a fracasar. Esta es tu esperanza: cuando Cristo se une a ti, no deja Su gracia en la puerta. Trae a esta unión todas las provisiones de gracia que tú y yo necesitamos para ser lo que debemos ser y para hacer lo que debemos hacer... en el sexo y en todo lo demás. Tu unión con Cristo te invita a *celebrar con sobriedad*. Sobriedad porque has entendido la seriedad de tu unión con Cristo, y celebrar porque entiendes la esperanza y la ayuda que esta unión proporciona y que no pueden encontrarse de ninguna otra manera.

4. El principio de la propiedad

Aquí tienes la piedra angular de los principios de Pablo, el principio de la propiedad: «¿Acaso no saben que su cuerpo es templo del Espíritu Santo, quien está en ustedes y al que han recibido de parte de Dios? Ustedes no son sus propios dueños; fueron comprados por un precio» (1 Cor. 6:19-20). Primero, Pablo quería que todos los creyentes supieran que la gracia ha reclamado tu cuerpo para un propósito superior que el placer personal y físico. Tu cuerpo ha sido elegido para un propósito más alto que cualquier cosa que podrías haber planeado o que hubieras podido imaginar. El Dios todopoderoso, con el poder y la gloria de su Espíritu, ¡se ha mudado a tu interior! Ahora, Pablo te está recordando esto en el contexto de un debate de las repercusiones del evangelio y la adoración sobre tu sexualidad. Como creyente, hagas lo que hagas en tu vida sexual, lo haces como templo del Altísimo. ¡Vaya! ¿Podría haber un concepto de identidad más aleccionador para que el creyente comprenda y ponga en práctica?

Lo próximo que Pablo quiere que consideres es que, como le perteneces a Dios, el templo de tu cuerpo ya no te pertenece. Un nuevo propietario se ha mudado y ha asumido la administración del edificio. Ha reclamado el edificio para Sus propósitos. Ya no es más un lugar de placer personal; el edificio que es tu cuerpo ha sido reclamado como templo para la adoración de Dios solamente, y todo lo que haces y las maneras en que lo haces deben respetar este propósito.

Por último, para que tomes todo esto en serio en medio de la tentación cotidiana, Pablo te recuerda qué le costó a Dios reclamarte como Suyo y honrarte para que fueras parte de algo mucho mejor de lo que habrías escogido para ti. El alto precio fue la muerte de Su Hijo. Qué insulto frente a semejante precio es actuar como si tuvieras el derecho de hacer lo que quieres con tu cuerpo, cuando quieres y con quien quieres.

Una vez más, ¿acaso este alto llamado te hace sentir derrotado y desanimado? Debes saber que tu Salvador ya hizo a tu favor aquello a lo cual Dios te ha llamado, para que en tu fracaso, puedas correr a Dios en lugar de huir de Él. Tu situación con Dios nunca se basa en la pureza de tu corazón y tus manos, sino en la vida perfecta que Cristo vivió en tu favor. Confiesa los lugares en tu vida sexual donde pienses o actúes como si te pertenecieras, y clama pidiendo la gracia perdonadora y transformadora que tienes al alcance porque tu Salvador estuvo dispuesto a pagar el precio.

Estos cuatro principios cambian por completo la cosmovisión. *Señorío*: tu vida sexual será formada según quién o qué gobierna tu corazón. *Eternidad*: tu vida sexual será formada según si vives para los placeres temporales del aquí y ahora o con la eternidad en mente. *Unidad*: tu vida sexual será formada al bifurcar tu vida en lo espiritual y lo secular o al reconocer que todo lo que constituye tu identidad ha sido unido a Cristo, y que llevas a Cristo dondequiera que vas. *Propiedad*: tu vida sexual será formada al actuar como si tu cuerpo te pertenece o al reconocer que fue comprado por Dios para Su propósito supremo. Y tu vida sexual será formada al olvidar el evangelio de Jesús que predican cada uno de estos principios y esconderte con culpa, vergüenza y temor, o al recordar que Jesús hizo todas estas cosas a la perfección para que tú, con tus debilidades y fracasos, pudieras ser recibido en la presencia de Dios y obtener toda la gracia que perdona, transforma y empodera que necesitas para vivir de una manera cada vez más pura en lo sexual en un mundo que se ha vuelto sexualmente loco.

El sexo y dos mandamientos ineludibles de la adoración

Ahora, sobre la base de los cuatro principios de sexo y adoración que acabamos de examinar, Pablo nos deja dos mandamientos sencillos. Uno es defensivo y protector; el otro, positivo y misionero. Es importante observar que ninguno de los mandamientos tiene sentido sin los principios de adoración sobre los cuales se apoya. Cada mandamiento te dice prácticamente cómo vivir las implicaciones sexuales personales de la identidad/cosmovisión que delinean los cuatro principios. Este pasaje, 1 Corintios 6:12-20, por cierto tiene una estructura *indicativa* y luego *imperativa*. Pablo empieza diciendo: «Esto es quiénes son, porque esto fue lo que Dios hizo (los cuatro principios de sexo y adoración); ahora, así es como se vive a la luz de lo que Dios ha hecho (los dos mandamientos de sexo y adoración)».

No puedo expresar adecuadamente cuánto hubiera querido que me expusieran a la sabiduría práctica y moral de este pasaje cuando era joven, y no sabes lo triste que estoy porque este pasaje no se enseñe con más regularidad y claridad dondequiera que se toma en serio la Palabra de Dios.

1. El mandamiento de huir de la inmoralidad sexual

Esto es lo fundamental de este mandamiento defensivo y protector: para vivir el aspecto sexual de tu vida de la manera en que Dios te ha llamado a vivir, tendrás que estar dispuesto a correr como loco. Debes estar dispuesto a huir de los pensamientos que se esfuerzan por pintar como hermoso lo que Dios ha prohibido. Tendrás que huir de los deseos que, por momentos, parezcan demasiado poderosos como para resistirlos. Tendrás que huir del susurro seductor del enemigo, que te tentará con mentiras. Tendrás que huir de las situaciones y los lugares que aprovechen tus debilidades. Tendrás que huir del orgullo, el cual te dice que eres más fuerte de lo que eres en verdad. Tendrás que huir del egoísmo, el cual permitiría que uses a otros para tu propio placer. Tendrás que huir de cuestiones de las cuales te encantaría participar, pero que te expondrían a cosas que no puedes manejar. Sencillamente tendrás que huir de cualquier cosa, cualquier lugar y cualquier persona que sea inmoral a ojos de tu Salvador. Debes estar dispuesto a correr.

Pablo no nos llama a un monacato medieval. Sabemos que el mayor peligro sexual para cada uno de nosotros existe en nuestro interior, no afuera. Sabemos que correr no nos hará moralmente puros. Pero huir reconoce la presencia y el poder del pecado que todavía vive en nuestro interior, cómo nos hace susceptibles a la tentación y, tristemente, a percibir como hermoso y beneficioso aquello que Dios llama horrible y peligroso. Mientras te esfuerzas por separarte de lo que Dios llama inmoral, clamas al Señor para hacer lo que no puedes hacer; es decir, para que te libre de ti mismo. Dios te llama a hacer lo que Él te ha dado poder para hacer por gracia, mientras Él hace por ti lo que no puedes hacer por tu cuenta. ¡Cuán maravillosa es Su gracia!

La pregunta para ti es la siguiente: ¿En qué aspecto de tu vida sexual necesitas esforzarte más por huir de lo que Dios te ha llamado a huir y te ha dado el poder para hacerlo?

2. El llamado a glorificar a Dios con tu cuerpo

Pablo termina con el llamado a vivir para algo más grande que ti mismo. La gracia soberana de Dios te ha elegido para vivir para Su gloria. Incluso en los lugares más recónditos de tus pensamientos y deseos privados, has sido elegido para vivir para Su gloria. Incluso en las actividades más desnudas, privadas e íntimas de tu cuerpo, has sido elegido para vivir para Su gloria. Incluso en aquellos momentos más poderosos de satisfacción física y emocional, has sido elegido para vivir para Su gloria. Incluso en los momentos más increíbles de conexión relacional, has sido elegido para vivir para Su gloria. La gracia ha santificado toda tu vida, todo lo que constituye tu identidad. Te ha separado para un propósito más grande y supremo. La gracia te ha dado una nueva identidad, un nuevo potencial y una nueva dignidad. Te ha levantado del lodo egocéntrico del «yo-ismo» de pecado que no te da un propósito más grande que la satisfacción momentánea, para que puedas vivir con un significado y un propósito más grande que nunca antes. La gracia te devuelve la cordura y la humanidad. Te conecta una vez más con el propósito para el cual fuiste diseñado y para el cual se te dio aliento. Te rescata de la esclavitud a las pasiones exacerbadas y a los pensamientos frenéticos, para vivir en la cordura de la conciencia de Dios, la cual tiñe cada uno de tus pensamientos, deseos, decisiones, palabras y acciones. Y al hacerlo, la gracia te introduce a los placeres más altos y satisfactorios que un ser humano podría experimentar jamás. Verás, tus placeres y alegrías más grandes solo se encuentran al vivir como fuiste diseñado para vivir; es decir, para Él.

Si el sexo tiene que ver con la adoración, entonces no puede tratarse solo de ti. El sexo «solo sobre mí» es un sexo que se ha vuelto loco. El sexo para la gloria del Creador es sexo que ha recuperado la cordura. El sexo como un acto de adoración a Dios es sexo restaurado. Y en esta lucha de gloria y adoración, Dios viene a nuestro encuentro con Su gracia tierna y paciente. Nos invita a confesar, a creer y a seguir, y nos empodera en todo sentido para vivir dentro de Su invitación misericordiosa. Entonces, ¿cómo te está yendo?

Para repasar y reflexionar

1. Explica lo que Paul Tripp quiere decir con la «individualización del sexo» (pág. 104). ¿Qué impacto ha tenido esta individualización en tu vida?

2. ¿Cómo contribuye la adoración al sexo? Usa 1 Corintios 6:12-20 para guiar tu respuesta.

3. Paul Tripp escribe: «El principio del señorío es el principio de los principios» (pág. 107). Describe este principio y por qué es vital.

4. ¿Cómo puede producirte tanto temor como esperanza pensar en tu sexualidad a la luz de tu unión con Cristo?

5. Identifica los dos mandamientos de adoración que esboza Paul Tripp en el capítulo 7. ¿Estás buscando activamente poner en práctica estos mandamientos, o experimentas un fracaso crónico con uno o con ambos? Si ves poco crecimiento en estas áreas, intenta identificar las convicciones erradas que tienes sobre Dios o sobre Su Palabra. Mientras examinas tu corazón, medita en Proverbios 18:1.

Reinicia tu corazón
 • 1 Corintios 6:12-20

8

Si el sexo tiene que ver con la relación, entonces no puede tratarse solo de ti

Él casi no tenía deseo ni motivación. Si hubiera podido sincerarse, te habría dicho que ella le resultaba irritante en muchos sentidos. Se las había arreglado para forjar un calendario y una serie de reglas relacionales que significaban que podía estar casado pero prácticamente vivir por su cuenta, aunque estaban en la misma casa. Hacía todo lo que podía para tolerar una conversación civilizada a la hora de la cena, pero la mayoría de las cosas que ella decía le resultaban terriblemente aburridas. No le caían bien sus amigos e intentaba encontrar un pretexto para ausentarse de todas las actividades posibles de su esposa. Él controlaba sus finanzas y sus compras, y tenía el único voto sobre cómo se dirigía la familia. Trabajaba duro y era un buen proveedor, pero más allá de eso, había poco amor en la relación con su esposa.

Pero a pesar de toda la distancia y la indiferencia, había una conexión que él exigía todos los días: tener relaciones sexuales todas las noches antes de dormir. Alegaba que era tanto su derecho como la voluntad de Dios. Noche tras noche, tenían relaciones sexuales carentes de relación y de amor.

Noche tras noche, ella hacía lo que se le pedía, incluso si le resultaba incómodo o vergonzoso. Noche tras noche, él se iba a dormir sexualmente satisfecho, y ella se dormía triste, confundida y con una sensación de impotencia. Noche tras noche, ella esperaba que su esposo se quedara dormido antes de exigirle sexo o que le diera una noche libre, pero nunca sucedía. Después de que ella se entregara a la actividad humana más íntima de todas, él se preparaba para trabajar y se iba a la mañana siguiente sin siquiera reconocer su existencia. Día tras día, a ella le daba pánico que su esposo volviera a casa, porque sabía que el ciclo se repetiría.

Entonces, ¿cuál es tu respuesta a la vida sexual de esta pareja? ¿Qué le dirías a este hombre? ¿Qué le dirías a su esposa? ¿Cuán cerca está su vida sexual de la intención de Dios?

El sexo es inevitablemente relacional

La vida sexual de esa pareja tiene algo profundamente perturbador: en realidad, no es la vida sexual de una pareja; es la vida sexual de un hombre que se la impone a una mujer. A un nivel profundo, aunque esta pareja está casada, su vida sexual constituye una violación de lo que Dios diseñó para el sexo. Su vida sexual es un ejemplo más de la *individualización* del sexo. Para este hombre, el sexo no es un acto de amor. No es un acto de adoración a Dios; es un estilo de vida de búsqueda de placer personal a expensas del servicio y la dignidad de su esposa.

El sexo según el diseño divino debe ocurrir en el contexto de dos expresiones de amor. El amor por Dios y por el prójimo es el único lugar en donde el sexo puede vivir según el plan divino. Permíteme resumirte este capítulo ahora mismo: *un compromiso vivo con el otro protege el sexo y lo purifica del pecado de la individualización.* En otras palabras, el sexo vive con belleza y salud solo cuando crece en el terreno de los dos grandes mandamientos. Dios, quien es en sí mismo relacional, decretó que el sexo fuera un acto relacional, y cuando no lo es, pierde su protección del peligro y la destrucción. El sexo fuera de la relación no puede funcionar como Dios quiso y se transforma en otro ejemplo de la locura que resulta del egoísmo del pecado. Uno no se puede comprometer exclusivamente con tener relaciones sexuales; además, se necesita estar comprometido con el único contexto para el cual fue diseñado esto que tanto deseas. Examinemos el contexto de «compromiso con el otro» en el cual debe vivir el sexo que honra a Dios.

El sexo y amar a Dios

Esto puede parecer un poco extraño, pero es cierto de todas formas: una de las maneras principales en las cuales los seres humanos aman a Dios es en su vida sexual. Como tú y yo fuimos creados para ser seres sexuales, con deseos sexuales y órganos sexuales, es inevitable ocuparnos del sexo de una u otra manera. Y como fuimos creados para amar a Dios por encima de todo lo demás, ocuparnos de Dios de alguna forma también es inevitable. Así que es imposible que estas dos cosas no se junten en tu vida. De alguna manera, expresarás tu sexualidad y te relacionarás con Dios. Si reconoces que no hay llamado más alto y más santo en toda tu vida que amar a Dios, entonces querrás que todo en tu vida sexual sea una expresión de ese amor.

El sexo es peligroso cuando su única motivación es el amor por ti mismo. El sexo es peligroso cuando su única motivación es el amor por otra persona. El sexo es peligroso cuando su única motivación es el amor por el placer. El sexo es peligroso cuando su única motivación es el amor por la comodidad. El sexo es peligroso cuando su única motivación es el amor por el peligro. El sexo es peligroso cuando su única motivación es el amor por el sexo. La única manera en que el sexo esté purificado y protegido es si está motivado en pensamiento, deseo y acción por un amor vivo, sumiso, gozoso, dispuesto y práctico a Dios. El pecado sexual siempre tiene fundamentalmente una falta de amor por Dios. O, en otras palabras, en el sexo ilícito, reemplazamos el amor que deberíamos tener por Dios con amor por otra cosa.

Mi relación con Dios (o mi falta de relación) siempre es lo que le da forma y lo que determina mi relación contigo. Si amo a Dios como debería, querré relacionarme contigo de maneras que agraden y honren al Señor. Mi amor por Él implicará que Su placer tiene prioridad sobre el mío. Significará que tengo un mayor gozo en hacer Su voluntad que en hacer lo que yo quiero. Y en todo esto, habrá un gozo y una disposición. Quizás la característica fundamental de carácter del verdadero amor sea la disposición. Al amor le encanta amar. El amor no considera que amar sea una carga o una molestia. El amor no ama de mala gana. El amor no ama a regañadientes. El amor no busca maneras de evitar el llamado a amar. El amor no busca vías de escape. El amor no es hipócrita ni taimado. El amor está dispuesto y listo para amar.

Jesús lo expresó de esta manera: «Si ustedes me aman, obedecerán mis mandamientos» (Juan 14:15). Ahí está la disposición. Jesús está diciendo: «Si me aman, mis mandamientos no les parecerán una carga. No los exasperarán. Harán lo que les he mandado de buena gana y con gozo». Para la mayoría de nosotros, esto es aleccionador, porque requiere que admitamos lo que en realidad no queremos admitir. Cuando caemos en pecado sexual (sexo fuera de los límites claros de Dios), lo hacemos porque no amamos a Dios como deberíamos. Y cuando Dios no está en Su lugar legítimo, invariablemente nos colocamos en Su posición, y hacemos que todo gire a nuestro alrededor. En ese momento, nos transformamos en soberanos autoproclamados que buscan gobernar al mundo para su propio placer, y tomar como posesión cosas que no les pertenecen.

Permíteme darte dos ejemplos. Piensa primero en la mujer acostada en su cama temprano por la mañana, que fantasea con tener relaciones sexuales con otro hombre que no sea su esposo. Considera la postura divina de su fantasía. Está insatisfecha con el mundo que existe en realidad, porque ella no lo creó y no puede controlarlo, así que el mundo real no responde a sus órdenes ni le da lo que ella quiere. Entonces, mientras está en la cama esta mañana, intenta elevarse para ocupar el trono de Dios y, en su mente, crea un mundo como quiere que sea y gobierna ese mundo como soberana absoluta.

Todo lo que hay en el mundo creado por ella le pertenece, y todo en su mundo se somete a su placer. Este mundo le atrae, porque en él, es creadora y señora. Es la que pone las reglas. Usa lo que ha creado, y quiere usarlo para cualquier placer que desee. Vuelve a visitar este mundo seguido porque le resulta mucho más atractivo que el mundo que ya existe.

El hombre que ha tomado para su propio placer en la fantasía no le pertenece, y las cosas que ha soñado hacer con él no están dentro de su derecho. Ha quitado a Dios de su universo, usurpado Su trono, tomado lo que le pertenece, descartado Sus reglas y escrito otras nuevas. Todo esto es una ultrajante violación de la comunión amorosa que fue creada para tener con Dios, la cual formaría cada pensamiento, deseo, decisión y acción en su vida. Su problema principal no es que se ame demasiado o que no pueda amar al hombre al que trata como objeto en su fantasía. El problema es incluso mayor y mucho más serio que una falta de amor por Dios. En su fantasía, incluso por un momento, ella ha matado a Dios, tomado Su posición, recreado el mundo como un jardín para su propio placer, y lo ha usado como solo ella lo haría. Lo que está haciendo en su cama no es algo menor. Es algo espantoso, y cada vez que lo hace, le resultará más difícil aceptar el mundo real, donde no tiene el lugar de Dios. En el mundo real, se verá cada vez más tentada a actuar como la soberana que no es, y a intentar poseer y experimentar aquello que no le pertenece. Su fantasía es el portal a una mayor locura sexual, pero ella no lo sabe. Es más, se jacta de no poner en práctica los sueños que ha creado.

A su corazón le falta algo hermoso, purificante y protector. Es algo que Dios quiso que fuera el principal motivador de cada persona que creó. ¿Qué es? Se trata de un amor por Él que es dispuesto, gozoso, sumiso y activo a la hora de la verdad. Es lo único que puede producir pureza sexual. La pureza sexual empieza en el corazón, con un amor por Dios que abruma todos los demás amores que batallan por la lealtad del corazón.

Considera si no el segundo ejemplo. Un hombre camina a casa del trabajo y mira con lujuria a la mujer que se aproxima hacia él por la acera. Baja la velocidad para poder mirarla mejor, y se da vuelta para mirarla cuando pasa. Vuelve a pensar conmigo en la postura del hombre que quiere ocupar el lugar de Dios. Primero, trata este momento como si le perteneciera. Es como si él fuera soberano y ella estuviera en la acera de acuerdo a su voluntad y para su propio placer. El hombre se apropia del momento. Ese lugar es su lugar, y está allí para darle el placer que percibe como su derecho. Es la deidad autodesignada del momento. No piensa en ningún otro Dios ni adora a nadie más que a sí mismo. El mundo se ha encogido al tamaño de su deseo, y él lo gobierna para su propio placer. En ese momento, no le importa un comino el bien ni el mal, porque en ese momento, no existe autoridad mayor que él mismo. El hombre tendrá lo que quiere, aunque más no sea el derecho a mirar fijamente partes del cuerpo e imaginarse cómo sería tenerlas para su propio placer.

Sin embargo, hay más. Durante ese momento, está robando la creación de Dios para sí. No tiene ningún derecho sobre esta mujer. Ella no le pertenece de ninguna manera, pero él la toma con sus ojos y con su mente. Intenta retardar el momento para disfrutar su robo sexual la mayor cantidad de tiempo posible. Ha arrancado a esta mujer de las manos de Dios y se la ha apropiado, para cualquier placer momentáneo que pueda lograr. Ella percibe su mirada y se siente incómoda. Quiere alejarse, pero tiene que pasar a su lado caminando. Se siente un tanto ultrajada, pero no es la primera vez. Ya ha pasado junto a este hombre y a otros como él.

En ese momento, este hombre es un necio. Ha negado la existencia de Dios. Se ha establecido como Dios. Le ha robado al Señor Su creación. Lo ha arrojado de Su trono. Tiene un problema mucho más profundo que una mirada errante y afectos inconstantes. Ha comenzado a sentirse cómodo a la hora de destronar a Dios y poseer lo que no le pertenece, y si sigue haciendo esto con su mente, empezará a hacerlo también con sus manos. Recuerda, la lujuria no desea más lujuria. La lujuria desea la cosa en sí, la experiencia real. El hombre está en peligro porque su corazón se ha acostumbrado a aquello que el diseño de Dios denomina horrible y antinatural: una falta de amor por Dios que moldea la vida y expone al peligro.

Reconocer y poner en práctica la comunión con Dios para la cual fui creado hace que mi vida sexual se mantenga en pureza. Sencillamente, no hay otra manera. Un amor por Dios que controla el corazón lo protege de vagar a lugares donde podría desviarse en este mundo de enajenación sexual.

Mientras lees esto, ¿qué estás pensando? Te diré lo que yo he estado pensando. He tenido que enfrentar la triste verdad de que me la paso destronando a Dios. Una y otra vez, percibo el mundo como si me perteneciera. Es la tragedia del pecado remanente. En ciertos aspectos, sigo queriendo el trono de Dios, y deseo reclamar como propio aquello que le pertenece. Quizás sea en un momento de lujuria por la calle, o con una palabra impaciente a alguien que me hizo esperar, o al mostrar envidia por algo que otra persona tiene. Como ya escribí, me he visto obligado a reconocer que no estoy libre de las luchas sobre las cuales escribo. Todavía soy capaz de ser aquel necio que niega a Dios. Con profundo dolor, debo confesar que, a veces, me creo más inteligente que Dios, pensando que mi gobierno sería mejor que el Suyo. Con profundo dolor, debo aceptar que esto nunca jamás lleva a ningún lugar bueno.

¿Significa entonces que no tengo esperanza? ¿Cómo puede ser, con todo lo que sé y lo que he experimentado como hijo de Dios, que estas luchas todavía existan? Claro, hay momentos en los que entiendo las cosas y mi corazón se llena de amor y de gratitud a Dios, pero no siempre. Al reconocer la condición de mi corazón inconstante, mi esperanza sigue firme y segura. ¿Por qué? Porque mi seguridad nunca estuvo en el grado de mi amor por Dios, sino en el carácter inamovible y eterno de Su amor por mí. Al venir a Él en pobreza de espíritu, no solo Él no me rechazará, sino que me recibirá con los brazos abiertos y la provisión pródiga de Su gracia para aquí mismo y ahora. Su amor transformador sigue siendo fiel, incluso cuando el mío no lo es. No abandonará las promesas de Su gracia, aun cuando yo no las valore como debería. No dejará de ser mi Señor en aquellos momentos en los que yo preferiría ser mi propio amo. No replegará Su reino y se irá cuando yo prefiera construir un reino propio donde pueda hacer lo que quiero. Sí, me corregirá con Su gracia paternal, pero no me echará de Su familia ni abandonará la obra en mí y por mí que ha comenzado.

Así que corro a Él y le confieso que el sexo no es mi problema; el amor vertical es mi problema. Confieso que el sexo es donde se revela mi tentación constante de destronar a Dios, donde controla mi mundo y escribe mis propias reglas para mis propósitos y mi placer egoístas. Una vez más, me arrodillo ante ÉL, confieso la deslealtad de mi corazón, buscando la gracia que es mi única esperanza de pureza de corazón y de manos. Vuelvo a rogarle que me dé el corazón para amar deliberada y consistentemente, hasta que la lucha por amar ya no exista. Y oro para que este amor vivo y activo por Él doblegue cualquier amor que tenga por algo en la creación y que compita por el afecto de mi corazón.

Estas oraciones no solo son significativas para mí sino para ti también, porque la lucha por la pureza sexual es en realidad una lucha por mantener a Dios en el lugar correcto en tu corazón: en el centro de tus afectos y tus motivaciones.

El sexo y amar a tu prójimo

El sexo también se purifica y se protege por una segunda expresión de amor, el amor por tu prójimo. El sexo ilícito nunca trata al otro como objeto del afecto. Nunca se ve motivado ni formado por el amor sacrificado por el otro. El sexo ilícito jamás desea lo que es bueno para el otro. No se somete voluntariamente a las necesidades de la otra persona. El sexo ilícito no responde al llamado supremo de ser parte de lo que Dios está haciendo en la vida del otro. El sexo ilícito siempre reemplaza el amor relacional por placer personal exigente, egoísta y que se siente con derechos. El sexo ilícito me coloca en el centro, en perjuicio de ti. El sexo ilícito transforma al otro en un objeto y lo deshumaniza. Para mí, te vuelves en algo inferior a un portador de la imagen de Dios. Quedas reducido a poco más que un objeto para mi placer sexual momentáneo. El sexo ilícito niega el segundo gran mandamiento, desarraiga el sexo de la expresión relacional donde Dios lo quiso y lo planta en el mundo del placer individual, donde nunca fue pensado para germinar y crecer.

Una de las cosas horrendas de la pornografía es su cualidad fundamentalmente antirrelacional. El sexo queda reducido a fantasías gráficas, actividades sexuales y clímax sexual. Ni siquiera se considera la relación, ni hablar del amor comprometido del matrimonio. El hombre y la mujer están juntos no como una expresión de nada ni remotamente parecido a una relación, sino tan solo porque quieren placer sexual. Así que, en vez de expresar afecto de algún tipo, el sexo en el cual participan es simplemente una búsqueda personal de sexo. El hombre usa el cuerpo de la mujer y la mujer usa el cuerpo del hombre. Es sexo por el sexo o por el dinero, pero no sexo por amor, porque el amor no hace falta cuando lo único que intentas hacer es usar el cuerpo del otro para alcanzar el clímax físico. Los videos pornográficos no suelen ser historias de amor.

Una de las cosas horribles del sexo en los anuncios publicitarios es su cualidad fundamentalmente antirrelacional. El cuerpo de una mujer se usa para vender un automóvil, por ejemplo. Ahora, piénsalo. El anunciante aprovecha intencionalmente los deseos sexuales de los consumidores masculinos, utilizando el cuerpo de la mujer para atraer la atención de un posible comprador. Intenta crear una conexión entre el atractivo sexual de la mujer y el atractivo sexual del auto. No le importa si el hombre compra el auto como una decisión «sexual» en lugar de una decisión financiera lógica, siempre y cuando compre el auto. La mujer en el anuncio queda reducida a algo menos que humano. No se la respeta por su mente, su carácter ni sus dones. No se la estima ni se la ama. Lo que notas es su sexualidad, lo que deseas es su cuerpo. Tristemente, en el anuncio, la mujer que fue hecha a imagen de Dios queda reducida al mismo nivel que el auto: un objeto sexi diseñado para traerte placer. La intencionalidad y la metodología del anuncio es una negación del segundo gran mandamiento. El sexo ilícito siempre niega este mandamiento porque no está interesado en una relación. Solo le interesa el placer sexual.

El diseño de Dios es que el sexo solo ocurra en el contexto de una relación comprometida y de por vida entre un hombre y una mujer, en el matrimonio. El sexo está protegido y purificado por este compromiso con un amor tierno, fiel, que se sacrifica y sirve a los demás. En este contexto, no estoy detrás de mi propio placer ni te uso para obtenerlo. En este contexto, incluso en mi conexión más íntima, física y emocionante contigo, te amo y busco tu bienestar. Mi manera de relacionarme contigo y de tocarte, y las cosas que hacemos en la relación sexual están todas guiadas y dirigidas por el amor relacional, no solo por el entusiasmo sexual.

Ahora, creo que esto nos ayuda a entender por qué hay tanta disfunción sexual, incluso en la vida de las parejas casadas. Estoy convencido de que, en general, el problema no es que las parejas ignoren la estructura y la función de sus cuerpos. Como ya he escrito, no creo que necesitemos más libros cristianos de «partes corporales». La realidad es que la mayoría de nosotros sabe dónde están las cosas en el cuerpo, y sabemos cómo deben funcionar según su diseño. Muy poco de esta disfunción viene como resultado de la ignorancia. El problema es el siguiente: siempre arrastrarás el carácter y la calidad de la relación con tu cónyuge al lecho matrimonial porque el sexo es fundamentalmente relacional.

Negar que el sexo es una relación es simplemente ridículo. Si te he sustentado y valorado, si he estado dispuesto a servirte; si he demostrado generosidad, perdón, paciencia, bondad y respeto hacia ti en nuestra relación cotidiana, entonces en este momento donde no hay protección, donde estás literalmente desnuda junto a mí en el momento humano más vulnerable, sabrás que puedes confiar en que te amaré y que puedes relajarte, desnuda en mis brazos. Pero si he sido crítico, soberbio y exigente, si he sido implacable y amargado, impaciente, grosero, egoísta y descortés, en este momento donde estás desnuda junto a mí, no te sentirás segura. Temerás que las cosas crueles que has experimentado de mi parte en lo relacional también se apliquen a lo sexual. Temerás que te use y te critique, en lugar de amarte y cuidarte. Y como tienes miedo, te resultará difícil entregarte como debes para que el sexo funcione como Dios quiso.

La mayoría de las parejas sexualmente disfuncionales no necesitan educación sexual, sino confesión y reconciliación relacional. Como Dios diseñó el sexo para que se experimentara en el contexto de una relación, y como es una expresión de esa relación, no se puede eludir la naturaleza de tu relación con tu cónyuge cuando se tienen relaciones sexuales. Sencillamente, es imposible. Estas parejas disfuncionales están intentando encontrar placer sexual fuera de un compromiso con la clase de relación que Dios las ha llamado a tener. Y, aunque están teniendo relaciones sexuales dentro del matrimonio, no están demasiado comprometidos con la relación de amor que debe constituir el contexto para este acto íntimo, y por lo tanto, están quebrantando el plan de Dios en sus corazones. Un sexo exigente y sin amor, experimentado fuera del contexto de un amor vivo, activo y relacional, simplemente no honra a Dios.

Permíteme profundizar un poco más este argumento. Entiendo por qué tantos hombres luchan con la pornografía cibernética. Si para ti, el sexo no ha sido un acto de amor relacional, si esencialmente has usado el cuerpo de tu esposa para tu propio placer egoísta, si tu esposa ha quedado reducida a un medio para que te satisfagas, entonces tiene sentido que te resulte sumamente tentador reemplazarla con imágenes digitales y fantasías egoístas que logran el mismo resultado. Hay matrimonios en los cuales los hombres son sexualmente crueles con su esposa; exigentes, egoístas y críticos en el área sexual. Están mucho más interesados en el desempeño sexual de su esposa de lo que están comprometidos con amarla sexualmente. No les interesa demasiado la comodidad ni el placer de su esposa. Exigen cosas que a la esposa le resultan incómodas e instilan culpa ante sus protestas. El sexo en su matrimonio no se parece en nada al amor. Se parece a la individualización del sexo que prima el gobierno y el placer personal que vemos por todas partes en la cultura. Aunque parezca increíble, usan los votos matrimoniales de la esposa como una herramienta para lograr que se someta a cualquier exigencia sexual egoísta que le hagan, aduciendo que es su derecho. Quizás sin entender lo que hacen, han denigrado el sexo matrimonial, rebajándolo a un grado apenas superior a la masturbación, y han reducido a su esposa a una máquina para su propio placer. Esta clase de vida sexual no cumple con ninguno de los requisitos de amar a Dios o de amar al prójimo y, por lo tanto, es abominable a los ojos del Señor.

Como la vida sexual matrimonial de estos hombres ha sido más masturbación que relación, tiene sentido que prácticamente no tengan defensa contra la pornografía fácil de conseguir que les ofrece el placer egoísta que buscan, sin la carga de tener que relacionarse con otro en el proceso. Con facilidad, pasan de anotarse para una clase de sexo antirrelacional a otra clase con ninguno de los compromisos amorosos del corazón que los protegerían y revelarían la pornografía como el horror que realmente es. Es triste que gran parte de esto ocurre en la iglesia, y quizás más triste aún que nadie hable al respecto.

El sexo en el matrimonio no es santo solo por ocurrir dentro del matrimonio, así como la manera de hablar no es santa solo porque esté en el matrimonio. Tanto el sexo como la manera de hablar se santifican por las intenciones de tu corazón, y las intenciones de tu corazón se santifican cuando, mediante una poderosa gracia transformadora, amas a Dios por encima de todo lo demás, y a tu prójimo como a ti mismo.

Parte de la locura de la cultura humana en lo que se refiere al sexo es nuestra capacidad de negar filosófica o prácticamente su contexto relacional establecido por Dios. Esto puede ocurrir dentro o fuera del matrimonio. Sí, según el diseño de Dios, solo las parejas casadas tienen la libertad de tener relaciones sexuales, pero solo porque estés casado, no significa que tu vida sexual sea una expresión de los dos grandes mandamientos.

Por eso, Jesús fue voluntariamente a la cruz, para que «los que viven ya no vivan para sí» (2 Cor. 5:15), ya no para destronar a Dios. Jesús murió para destronarte y para entronar a Dios en tu corazón. Ahora, en eso hay esperanza, no solo para tu vida sexual sino para todo lo demás en ti.

Para repasar y reflexionar

1. Explica por qué Paul Tripp escribe que «un compromiso vivo con el otro protege el sexo y lo purifica del pecado de la individualización» (pág. 122).

2. Describe qué hace que el sexo sea peligroso.

3. ¿De qué maneras el sexo ilícito es incompatible con el amor verdadero? ¿Cómo oculta nuestra sociedad esta realidad?

4. ¿Qué impacto tiene el sexo ilícito sobre la relación matrimonial? Al contrario, ¿en qué sentido una vida sexual arraigada en la Biblia permite que un matrimonio florezca?

5. Paul Tripp ha encontrado esperanza en medio del fracaso personal, porque no arraiga su seguridad en su amor a Dios, sino en «el carácter inamovible y eterno» del amor de Dios por él (pág. 127). Vuelve a leer toda esa sección del capítulo 8 y determina dónde y cómo podrías aplicarla a tu situación.

Reinicia tu corazón

• Juan 14:15-17

• 2 Corintios 5:14-15

9

Si el sexo tiene que ver con la obediencia, entonces no puede tratarse solo de ti

Constantemente, les digo a los padres que una de las cuestiones más importantes del corazón para los niños pequeños es la autoridad. Por naturaleza, a los pecadores no les gusta la autoridad. Suelen querer ser su propia autoridad. Los pecadores están orientados al autogobierno y a escribir su propio código moral. Los niños no suelen pedirles a sus padres más reglas y una rendición de cuentas más estrecha. En general, no celebran que les digan qué hacer. Los niños suelen considerar la autoridad como algo que les roba libertad. A menudo, no ven la autoridad como una bendición. La rebelión natural a la autoridad, que en cierto sentido es el estado de todos los pecadores, es una de las principales luchas del corazón para todo ser humano.

Todo esto es importante porque nunca resolverás el problema del sexo hasta que hayas resuelto el problema con la autoridad. Como ya observamos, la lucha sexual y la locura sexual de la cultura están arraigadas en algo más profundo que el sexo. Están arraigadas en un rechazo de la autoridad de Dios sobre toda área de la existencia humana. Están arraigadas en un profundo deseo de autogobierno.

Están arraigadas en el impulso humano de hacerse cargo de la propia vida. Están arraigadas en la herejía cultural profunda y perdurable que declara: «Mi cuerpo me pertenece y nadie tiene derecho de decirme qué hacer con él». La locura sexual que nos rodea es, en realidad, una locura contraria a la autoridad que no puede y no terminará en ningún buen puerto, porque quebranta la naturaleza misma de lo que somos y de cómo el mundo fue diseñado para funcionar.

Como ya hemos visto, los niños pequeños y los adultos necesitan ser confrontados con la cruda realidad de que nunca se tratará de ellos, porque han nacido en un mundo que, por su misma naturaleza, es la celebración de otro. Han nacido en un mundo que no les pertenece. Han nacido en un mundo que no fue hecho para que ellos lo gobernaran. Cualquier autoridad que tengan los humanos es representativa o diplomática. La autoridad humana nunca es absoluta. Toda autoridad humana está ubicada donde está para representar visiblemente la autoridad invisible de Dios. Esta es la conclusión que debe formar entonces tu visión de todo, incluido el sexo: el mundo en el cual vivimos es un mundo bajo gobierno. Esto significa que no tengo derecho de hacer lo que quiera, cuando quiera, de la manera que quiera y con la persona que quiera. Como hay una autoridad sobre todas las cosas, hay una ley. Y como hay una ley, en cada área de mi vida, hay cuestiones moralmente correctas y otras moralmente incorrectas.

Entonces, el dilema para todo ser humano es el siguiente: ¿Me someteré a las directivas de Aquel que gobierna sobre todo, o negaré Su autoridad y escribiré mis propias reglas? Esta es la decisión suprema e inevitable de todo ser humano. Entonces, el sexo no puede tratarse simplemente de alcanzar el momento supremo de placer, porque esa es, en esencia, una manera anárquica de considerarlo. El sexo debe estar sometido a la obediencia a la ley. Si hay una autoridad que gobierna sobre toda dimensión de nuestra vida, entonces el sexo no puede tratarse solo de ti. Siempre se trata de la voluntad de

Dios, de Su manera, Su plan, Su placer y Su gloria, y de tu grado de disposición a someterte a Él.

Otro factor es la mentira de la autosuficiencia. Esta mentira me dice que tengo todo dentro de mí para ser lo que tengo que ser y hacer lo que debo hacer. No necesito la ayuda, la sabiduría ni la guía de otro. Yo puedo resolver mi vida y disfrutar de la clase de vida para la que fui diseñado sin ayuda externa. En realidad, lo opuesto es cierto. Los seres humanos no fueron creados para vivir de manera independiente o autosuficiente. Fueron creados para la dependencia. Fuimos creados con necesidades fundamentales que no podemos suplir por nuestra cuenta. Nacemos con una necesidad de sabiduría que no tenemos. Nacemos con una necesidad de fortaleza que no poseemos. Todos necesitamos que nos enseñen y nos capaciten y, debido al pecado, que nos rescaten y nos transformen. La persona autodidacta es una fantasía. El humano independiente es un engaño. Somos débiles y necesitados, todos nosotros. Sencillamente, no hay manera de escapar a esta realidad.

Así que esta es la manera en la cual deberíamos considerar el sexo, incluida mi identidad sexual. En el sexo, acepto la realidad de que soy débil y necesitado, y busco la ayuda de mi Creador, o niego la evidencia empírica que doy a diario sobre quién soy, y actúo como si supiera lo que no sé y pudiera hacer lo que no puedo. Así que, armado con la convicción de que mi cuerpo es mío para usar como yo quiera, y de que soy sabio y fuerte, escribiré mi propio manual sexual y haré lo que quiero con mi cuerpo y con el cuerpo de los demás, mientras me convenzo de que soy sabio y de que lo que estoy haciendo es bueno. Y día tras día, negaré mi locura sexual y culparé a los demás por los problemas que resulten.

Vale la pena repetir que el caos sexual que nos rodea es mucho, mucho más que un caos de sexo. Es un caos de culto a uno mismo, una negación de la comunidad, un rechazo de la autoridad y la individualización del sexo que resulta de esto. No se puede avanzar hacia la cordura sexual sin abordar estos temas de raíz. No se puede aislar el sexo y repararlo con éxito sin lidiar con las cuestiones subyacentes que han provocado el caos.

El niño pequeño que se acostumbra a rechazar la autoridad de Dios, en la forma de la autoridad de sus padres, se dirige a la locura sexual. La adolescente que se burla de sus padres y por tanto rechaza su autoridad por ser demasiado conservadores y vergonzosamente anticuados se dirige a la locura sexual. El egresado de la universidad que ha sido persuadido de que su vida es de él para usarla como le parezca se dirige a la locura sexual. El hombre de mediana edad que piensa que tiene la fuerza independiente para mantener a raya sus deseos sexuales se dirige a la locura sexual. No hay forma de evitarlo: tu vida sexual siempre revela cómo estás abordando el tema inevitable de la autoridad. Te sometes a las leyes del Rey o te proclamas a ti mismo rey. Eso es todo; no hay un mundo neutral en el cual vivir.

¿Cómo es la obediencia en la práctica?

La obediencia es más que una serie de conductas; es una actitud del corazón. Plagiaré la definición que mi hermano Tedd ha dado: *La obediencia es la sumisión voluntaria de mi corazón a Dios, la cual me lleva a hacer lo que Dios ha mandado sin cuestionamientos, excusas ni demoras.* Antes de empezar, quiero decir que un corazón obediente protege y purifica tu vida sexual. En el centro de la pureza sexual vive un reconocimiento y una sumisión voluntarios a la autoridad de Dios.

Desentrañemos la definición de Tedd. La esencia de la obediencia no es simplemente hacer lo correcto. En cambio, la esencia es el corazón, y lo que debe vivir en el corazón de la persona obediente es una sumisión voluntaria a la autoridad de Dios. La obediencia que no se somete voluntariamente no es obediencia. Si hay que obligar, persuadir, amenazar o hacer sentir culpa a los demás para que obedezcan, eso es necesario precisamente porque no son obedientes. Les falta la disposición que es fundamental para cualquier vida obediente. Las personas sexualmente puras son puras porque tienen un corazón dispuesto, y como tienen un corazón dispuesto, están preparadas para decir que no a deseos profundos, emociones furibundas y tentaciones seductoras, al volverse y hacer lo que Dios las ha llamado a hacer. La persona que combate contra lo que es correcto, que constantemente lo cuestiona y busca maneras de sortearlo, y que en ocasiones hasta se burla de ello, no será sexualmente pura demasiado tiempo, porque no lleva consigo un corazón obediente. No podrá soportar las tentaciones diarias que enfrente en este mundo que se ha vuelto sexualmente loco y no podrá decir que no a sus deseos que se desvían con facilidad.

Esta disposición del corazón me lleva a tener una visión de la vida que pregunta: «¿Qué ha mandado Dios?». No me refiero a vivir una existencia legalista y llena de reglas, ni a vivir de manera tentativa y temerosa. Me refiero a que tengo una manera de pensar sobre mi vida que tiene *límites*. Si Dios está a cargo, y si ha decidido lo que es moralmente correcto e incorrecto y me lo ha comunicado con claridad, entonces hay límites morales del corazón y la conducta dentro de los cuales soy llamado a vivir. Dentro de esos límites, hay una vida de hermosa libertad y felicidad. Fuera de esos límites, hay peligros, destrucción y muerte.

Piensa en la imagen que te genera la palabra *límites*. Imagina que estás viviendo en un jardín que contiene todo lo bueno, lo verdadero y lo hermoso que un ser humano podría querer, y que alrededor de aquel jardín, hay una cerca de malla de seis metros (20 pies) de altura. Además, más lejos al otro lado de la cerca, hay un mundo de verdadero peligro, lleno de cosas que te producirán la muerte. Si aceptaras que lo que está dentro del jardín es sumamente bueno (cosas que te dan vida) y aceptaras que lo que está afuera es sumamente malo (cosas que llevan a la muerte), ¿no darías gracias por el cerco? ¿Y no estarías dispuesto a vivir dentro del cerco con contentamiento y alegría?

Pero piensa conmigo: si miraras ese cerco todos los días, pensando en cómo podrías atravesarlo o saltarlo, si lo tocaras o lo sacudieras para probar su fuerza, si intentaras mirar al otro lado hasta que te quedaran marcas en la cara, ¿no lo harías porque crees que las cosas buenas pueden en realidad estar al otro lado del cerco? Verás, tienes mucho más que un problema de conducta; tienes un problema de límites. No crees que el cerco está en su lugar para garantizar que tengas lo que es bueno. No, has llegado a creer que el cerco está impidiéndote obtener lo bueno, y en cuanto te permites creerlo, empiezas a pensar en maneras de pasar al otro lado.

En mi vida sexual, estoy dispuesto a someterme a los mandamientos de Dios porque, en lo profundo de mi corazón, creo plenamente que son buenos. Creo en verdad que las leyes de Dios dan vida y libertad; no me las quitan. Creo en verdad que Dios es sabio, bueno y digno de confianza. Creo en verdad que es mejor vivir dentro de Sus límites. Así que voluntariamente, en mi corazón y con mis manos, hago lo que Dios me ha ordenado hacer con mi ser sexual. No me quedo mirando el cerco, preguntándome si las cosas buenas sexuales están del otro lado. No me acechan pensamientos de lo que me estoy perdiendo. No tengo una curiosidad malsana por las vidas y las hazañas sexuales de las personas al otro lado del cerco. Y no me siento en desventaja porque he sido elegido para vivir dentro del cerco. En cambio, le doy la espalda al cerco y celebro con alegría todas las cosas abundantes y buenas que he recibido, las cuales nunca habría tenido el buen juicio de escoger por mi cuenta. Me despierto cada mañana sintiéndome bendecido en lugar de restringido, y por cierto, no considero que libertad sea hacer lo que yo quiero. Sé que necesito cercos en cada área de mi vida, incluido el sexo, y sé que sin los límites de Dios, me desviaría hacia peligros que serían mi perdición. Los límites de Dios no inhiben una vida sexual gozosa; son el único contexto en el cual se puede experimentar plenamente.

Ahora, volvamos a nuestra definición. Los modificadores de la definición son importantes: «sin cuestionamientos». Si en mi corazón le estoy gritando a Dios por no permitirme hacer lo que quiero, si estoy cuestionando Su bondad y amabilidad, si estoy enojado porque no puedo hacer lo que los demás parecen hacer con libertad, entonces no tengo un corazón obediente. El corazón de una persona obediente hace lo correcto sin patalear en el camino. Las personas obedientes no están enojadas con Dios mientras obedecen. En realidad, no eres sumiso a Dios en tu vida sexual si estás enojado con Él por lo que te ha dicho que no hagas. No eres obediente al Señor en lo sexual si cuestionas Su carácter y sabiduría. No tienes un corazón obediente en tu vida sexual si a menudo deseas que el mundo estuviera gobernado por otro que te diera más libertad. La pureza sexual empieza con la certeza de que los mandamientos de Dios son bondadosos, sabios y buenos; no hace falta cuestionarlos.

El segundo modificador es igualmente importante: «sin [...] excusas». Una persona obediente no pone excusas para su pecado sexual; se lamenta. Nunca somos tan creativos como a la hora de fabricar razones «lógicas» para salir de los límites amorosos, protectores y claros que Dios estableció. No queremos aceptar la realidad de que, en algún momento, todos somos necios y rebeldes. Queremos pensar que somos sabios, razonables y morales. Así que nos esforzamos por convencernos a nosotros mismos, a los demás e incluso también a Dios de que lo que hicimos no es tan malo después de todo, porque mira lo que estamos pasando o sufriendo. Tal vez incluso intentemos convencernos de que no hay otra manera, de que aquello que parecía insensato en realidad era inteligente, o de que no es tan malo si es solo por esta vez. Si puedes convencerte de que vivir del otro lado de los límites de Dios está bien, e incluso es bueno, te diriges a alguna clase de locura sexual. Saltarás los cercos de Dios y harás con tu cuerpo y con el cuerpo de otra persona lo que no deberías hacer, mientras te convences de que está bien.

El tercer modificador es incluso más apremiante: «sin [...] demoras». El corazón obediente tiene una rápida disposición. Si te estás sometiendo voluntariamente a Dios, lo haces de inmediato y sin demora. No dices: «Empezaré a obedecerle a Dios en mi vida sexual mañana». Demorar es una de muchas maneras en que intentamos retener nuestra autonomía y autogobierno. Así funciona la demora:

Estás coqueteando con una mujer en el trabajo, y la cosa se ha vuelto bastante sexual. Sabes que no deberías hacerlo, pero vuelves a sentarte con ella a la hora de almorzar y te convences de que mañana actuarás de otra manera.

El corazón te late con fuerza mientras navegas por ese sitio web pornográfico, esperando que tu esposa no se despierte. Ya sabes que no tienes por qué estar ahí, pero para aplacar la culpa, te convences de que es la última vez.

Tienes 17 años y estás en el parque local a la noche con tu novia. Tu mano está dentro de su sostén. Te tiembla la mano, con una mezcla de entusiasmo y temor. Sabes que lo que estás haciendo está mal para ti y para ella, pero ya no pudiste resistir. Te convences de que romperás con ella en los próximos días.

Estás viviendo con una mujer que no es tu esposa, y hace poco, le entregaste tu vida a Cristo. Sabes que no deberías acostarte con tu novia, pero te convences de que sería una complicación separarse y encontrar dos departamentos. Ya abordarán el tema, pero no es algo que puedas manejar ahora.

Sabes que te has enganchado con una serie de televisión que no deberías mirar. Te deja con pensamientos impuros, pero te convences de que terminarás la temporada y no mirarás la nueva que salga en otoño.

La demora es desobediencia con esmoquin. Te da lugar para rebelarte contra la autoridad de Dios, mientras te convences de que tienes toda la intención de obedecer, y al hacerlo, tranquilizas tu conciencia cuando, en realidad, debería estar perturbada. Tu vida sexual siempre es una ventana a la manera en que tu corazón está respondiendo a la autoridad ineludible de Dios.

El sexo y la desobediencia

Es importante entender que, al igual que la obediencia, la desobediencia no es solo una serie de conductas; es primeramente una condición del corazón. Así que es importante entender la psicología o la postura del corazón detrás de la obediencia.

Parte de la psicología de la desobediencia es convencerte, de alguna manera, de que eres más inteligente que Dios. Tus reglas son mejores o más prácticas que las de Él. Tus deseos son más legítimos que aquellos que Él tiene para ti. Lo que has planeado para tu vida es mejor que Su voluntad. Tal vez se trata de convencerte de que el límite sexual que estás atravesando no es tan grave solo por esta vez. O no le encuentras sentido a no poder acostarte con alguien que amas, por más que no estén casados. O razonas que la cultura ha evolucionado, que ahora sabemos cosas que no sabíamos cuando se escribió la Biblia; entonces no tiene sentido que nos controlen reglas pasadas de moda o atadas a cierta cultura. La desobediencia siempre supone adjudicarle más confiabilidad y valor a tu propia sabiduría que a la de Dios. Tomas la decisión de hacer lo que te parece que tiene sentido o que te resulta atractivo, más allá de lo que Dios haya dicho sobre el tema. Tu postura en cuanto a la sabiduría de Dios no es de sumisión; es de crítica. No importa si te das cuenta o no, estás levantándote por encima de Dios, dispuesto a rechazar lo que viene de Su parte, lo que para ti no tiene sentido.

La desobediencia no solo aduce una mayor sabiduría; aduce propiedad. Te resulta cómodo hacer lo que quieres porque, según tu percepción, tu vida te pertenece. Si es así, entonces tienes derecho a hacer lo que quieras con ella. La desobediencia siempre tiene una postura de propiedad. Reclama derechos que ningún ser humano tiene. Como ya hablamos en un capítulo anterior, Dios es tu dueño, y el dueño de todo lo que tiene que ver contigo. Cualquier postura de propiedad es un engaño que solo te expondrá al peligro. No tienes derecho sobre tu propio cuerpo, porque tu cuerpo no te pertenece. La desobediencia también requiere tu disposición a rechazar la ley moral de Dios y a escribir tu propio código moral. Te da la autoridad de determinar lo que está bien y lo que está mal, lo que es bueno o malo, verdadero o falso. Sin embargo, esta es una autoridad que solo Dios tiene. Una de las gracias más dulces del Antiguo Testamento ocurre cuando Dios, quien conoce todas las cosas desde su origen hasta su final, le dice a Su pueblo recién redimido cómo deben vivir según Él los creó. No los diseñó para que tuvieran una brújula moral personal; con amor, les dio la guía moral que tanto necesitaban. Siempre te estás sometiendo a la ley de Dios o estás escribiendo tus propias leyes.

Por último, la desobediencia supone aliviar tu conciencia, argumentando constantemente a favor de la lógica de lo que estás haciendo. Te sientes cómodo pisoteando los límites divinos porque eres especialista en engañarte a ti mismo y estás comprometido con esto. Todos lo hacemos. Nos convencemos de que somos buenos, de que lo que estamos haciendo en realidad no es tan malo, y de que nuestros pecadillos no son pecados desde un punto de vista técnico. El autoengaño acalla tu sistema interior de restricción que te impulsa a decir no cuando quieres decir que sí. El autoengaño aplaca el dolor de una conciencia que está bajo la convicción del Espíritu Santo. El autoengaño te convence de que puedes ser desobediente sin ser desleal a Dios.

Recuerdo que, en un momento de consejería, me quedé pasmado cuando un hombre infiel y adúltero me dijo: «Usted entendería lo que hice [hablando de su relación sexual con otra mujer] si viviera con mi esposa». Era el viejo argumento de «mi esposa me obligó a hacerlo». En su desesperación, argumentaba que esta horrible mujer con la que se veía obligado a vivir lo había empujado a este acto. Esto es lo que hace el autoengaño. Rechaza la responsabilidad personal y todas las elecciones morales del corazón que siempre están detrás de hacer lo incorrecto a los ojos de Dios, y nos lleva a sentirnos bien sobre lo que Dios claramente establece que no es bueno.

Jesús quiere tu cuerpo

El sexo nunca tiene que ver exclusivamente con tu placer físico. El sexo nunca tiene que ver exclusivamente con relaciones horizontales. El sexo siempre tiene que ver con la obediencia. Tu vida sexual está formada ya sea por una sumisión voluntaria a la autoridad de Dios o por apropiarte de la autoridad sobre tu vida y tu cuerpo como si te pertenecieran. No hay escape.

El tema de la obediencia se extiende a los usos más íntimos de tu cuerpo. En este aspecto, Romanos 12:1 nos resulta sumamente útil: «Por lo tanto, hermanos, tomando en cuenta la misericordia de Dios, les ruego que cada uno de ustedes, en adoración espiritual, ofrezca su cuerpo como sacrificio vivo, santo y agradable a Dios». No podría expresarse de manera más clara y elocuente. Este pasaje conecta tu cuerpo con la adoración y la obediencia. La adoración a Dios significa que le entregas voluntariamente tu cuerpo. Renuncias para siempre a la propiedad sobre tu cuerpo y lo que haces con él. Consideras que tu cuerpo le pertenece a Dios y es Suyo para que lo use. Además, te comprometes a un uso obediente de tu cuerpo, es decir, a hacer con tu cuerpo solo lo que sea santo y aceptable a Sus ojos, sin importar lo que dicten tus pasiones, tus pensamientos o tus deseos. La pureza sexual se encuentra en el sacrificio intencional de tu cuerpo a Dios: ya no es tu deseo y tu manera, sino que todo se somete a la voluntad de Dios y es para Su gloria.

Y es importante entender que la directiva de Romanos 12:1 no es la manera de Dios de robarte tu vida simplemente porque Él está a cargo y tiene el poder. Pablo coloca todo esto en el contexto de la misericordia de Dios. Esto es gracia. Al llamarnos a hacer este sacrificio intencional con nuestro cuerpo, Dios nos está rescatando de nosotros mismos y protegiéndonos de los peligros de un mundo que ha enloquecido. Y todo esto nos recuerda que necesitamos la ley de Dios, pero debemos entender sus límites. La ley de Dios es eficaz a la hora de exponer nuestra necesidad moral; nos proporciona senderos morales para transitar, pero no puede transformarnos. La ley no tiene la capacidad de hacer que nuestro corazón sea puro y esté dispuesto. Si pudiera hacerlo, el Redentor, Cristo Jesús, no habría tenido que venir a morir y resucitar en nuestro lugar.

Así que la pureza sexual no comienza con un compromiso con cumplir la ley de Dios; empieza al confesar que no quieres y que no puedes. Requiere confesar el egoísmo y la rebelión de tu corazón. Reconoce que a menudo la impureza te resulta más atractiva que la pureza. Verás, si la impureza sexual fuera solo cuestión de una serie errada de conductas, entonces, para pasar a la pureza, lo único que sería necesario sería reemplazar viejas conductas con otras nuevas y mejores. Si la impureza sexual se tratara solamente de la lujuria del corazón, entonces eso sería lo que tienes que abordar. Pero la realidad es que la impureza sexual está arraigada en cosas mucho más profundas que malos pensamientos y malas acciones. La impureza sexual crece en el suelo de la temible condición del corazón pecaminoso. Yo lucho con la impureza sexual tal como lucho con el materialismo o la gula, porque estoy luchando con algo más profundo. ¿Qué es esto más profundo? Lucho con el culto a mí mismo y con el autogobierno. En mi corazón, todavía hay maneras en las cuales quiero estar en el centro de mi mundo, donde todo lo que quiero, lo que siento y lo que pienso que necesito es más importante para mí que la voluntad de Dios o las necesidades verdaderas de las personas que me rodean. Hay maneras en las que estoy tan ocupado amándome y adorándome que me queda poco tiempo o energía para amar a Dios o a los demás.

Todos los días, lucho con el culto a mí mismo, y como lo hago, quiero ser el soberano de mi propia vida. Quiero reinar sobre mi vida y establecer mis propias reglas. Quiero tener lo que me parece mejor para mí, y no quiero que Dios ni los demás se metan en mi camino. No puedo escapar de la manera en la cual el sexo expone estas dos cosas en mi corazón. Mi vida sexual siempre está moldeada según a quién adoro y las reglas a las cuales me someto.

Entonces, cuando encuentro una lucha más profunda de pureza sexual, no me ayuda simplemente una mayor comprensión de mi identidad sexual, una conciencia más clara de dónde soy susceptible a la tentación ni un mejor sistema de rendición de cuentas. Estas cosas son útiles, pero con facilidad se transforman en una manera de pedirle a la ley que haga lo que solo la gracia puede lograr. Mi lucha con la pureza sexual revela el grado al cual todavía necesito una renovación o transformación fundamental de mi corazón. Solo cuando adore a Dios por encima de todo lo demás, cuando ame a mi prójimo como a mí mismo y me someta voluntariamente a la autoridad de Dios, seré puro. En el sentido más básico, en lo que se refiere a la batalla con la pureza sexual, he conocido al enemigo, y soy yo. Yo soy el mayor peligro sexual para mí. Soy mi mayor fuente de tentación. Soy la fuente de mi lucha. El culto a mí mismo y el autogobierno que todavía viven en mi corazón hacen que me sienta atraído y que sea susceptible a las tentaciones sexuales que me rodean en este mundo que se ha vuelto sexualmente loco.

Entonces, ¿significa que no tengo esperanza? ¡No! Dios, que conoce la profundidad de mi lucha, me ha regalado las abundantes provisiones de Su gracia poderosa para rescatar y transformar.

¿Dónde comienza la pureza? Empieza al confesar tu profunda necesidad, y que no puedes cambiar lo que necesita cambiar. La pureza sexual no empieza estableciendo un régimen para un cambio de conducta. Comienza por lamentar la condición de tu corazón, y cuando lo haces, puedes tener la certeza de que recibirás una gracia poderosa, porque tu Salvador prometió que nunca te dará la espalda cuando te acerques a Él con un corazón quebrantado y contrito.

Sin esta confesión más profunda del corazón, la reforma de conducta y la rendición de cuentas en la comunidad no te liberarán.

Para repasar y reflexionar

1. ¿Por qué a los seres humanos les cuesta someterse a la autoridad de Dios? ¿Cómo afecta la autosuficiencia a nuestra lucha con la autoridad?

2. El capítulo 9 contiene una definición de *obediencia:* «La obediencia es la sumisión voluntaria de mi corazón a Dios, la cual me lleva a hacer lo que Dios ha mandado sin cuestionamientos, excusas ni demoras» (pág. 138). Al considerar tu vida sexual a la luz de esta definición, ¿dónde ves un desajuste? Identifica pensamientos, palabras o acciones específicos.

3. Describe las maneras en las cuales un corazón sumiso sustenta la capacidad de vivir dentro de los límites bíblicos.

4. Explica cómo funciona la «psicología de la desobediencia» (pág. 143). ¿En qué aspecto de tu vida y tus decisiones lo has visto? Considera lo que identificaste en la pregunta 2 más arriba.

5. Paul Tripp escribe: «Una persona obediente no pone excusas para su pecado sexual; se lamenta» (pág. 141). ¿Cómo revela el Salmo 32 la manera constructiva de lidiar con el pecado? Enumera los pasos específicos que muestra el salmo.

Reinicia tu corazón
  • Romanos 12:1-2

10

¿Entonces, adónde vamos desde aquí?

A él le costaba recordar cuándo el sexo no había sido un problema. Le costaba acordarse de algún día en el cual no se hubiera sentido agobiado por la culpa, la vergüenza, los reproches y el temor. Le costaba recordar cómo era sentirse libre y normal. Le costaba mucho.

El mundo del sexo se le había abierto mucho antes de que tuviera la suficiente madurez emocional o espiritual como para manejarlo. En la escuela secundaria, comenzó a juntarse con un grupo de muchachos cuyo interés en común era el sexo. Lo que sabían sobre el tema era que el cuerpo de una mujer era distinto, interesante y que valía la pena investigarlo; no mucho más. Sus conversaciones eran impuras y mal informadas, pero irresistibles. Se encontró pensando en las «partes» de las mujeres y en cómo lograr que las chicas de la escuela le mostraran cosas. No pasó mucho tiempo antes de que empezara a robar revistas para hombres de los negocios locales, y a dar vueltas por los probadores femeninos en la tienda de departamentos.

Sus pensamientos sobre estar con una chica no tenían nada que ver con la relación. Estaba constantemente buscando alguna muchacha que «abriera las piernas», aunque lo habría negado si alguien lo acusaba de tal cosa. Más adelante, su obsesión con el sexo fue empeorando y se volvió adicto. En ello, encontraba su identidad, poder y un placer que no podía hallar en otra parte. Tenía una reserva escondida de pornografía impresa y en video en su casa, y siempre estaba al acecho cuando estaba afuera, pero sus padres no tenían idea. Para ellos, su interés en las chicas era algo normal para un adolescente.

Sus primeros tres años en la universidad consistieron de clases obligatorias y mucha bebida y sexo. Si no estaba con una compañera de estudio, se pasaba el fin de semana en clubs de estriptis locales. No tenía idea del profundo problema emocional y espiritual en el que se había metido. No dimensionaba el daño que le estaba haciendo a su alma. En el cuarto año en la universidad, una chica que le parecía atractiva lo invitó a una fiesta, así que aceptó de buena gana. Lo que no sabía era que la fiesta estaba organizada por un ministerio del campus. No le pareció que fuera realmente una fiesta, pero siguió aceptando las invitaciones de la muchacha a estas reuniones del ministerio porque estaba interesado en ella y le intrigaba lo que había escuchado. Aunque no podía describirlo, estaba cada vez más preocupado por su situación y por la manera en que estaba viviendo. Sentía culpa y reproche, como nunca antes había experimentado. Empezó a hacer preguntas a las personas a cargo, y al poco tiempo, le entregó su corazón al Señor.

Aunque por un lado estaba lleno de gozo, por el otro, sentía como si llevara una pesada carga a cuestas todos los días. Sabía que era un hijo de Dios y sabía que Él lo había perdonado, pero también era consciente de que no estaba libre de la tentación sexual. A veces, extrañaba sus viejas épocas y anhelaba con desesperación lo que no podía tener. Pero no le parecía que fuera posible hablar con sus amigos cristianos de su lucha. ¿Qué pensarían de él? ¿Qué harían? Decidió que no había forma de hablar con los demás sobre su adicción. Se dedicaría a conocer más su fe y a esforzarse más. Participaría en todas las actividades que pudiera, y pasaría tiempo con las personas correctas. Leía su Biblia todas las mañanas y se concentraba en las cosas correctas a lo largo del día. Estaba del lado de Dios, y seguro podría vencer esto.

Sin embargo, no lo venció; su adicción volvió a capturarlo. Comenzó con sitios estimulantes en internet, luego pasó a mirar pornografía a escondidas y a escaparse a algún club de estriptis en ocasiones. Se sentía asustado y derrotado, pero no buscaba ayuda; parecía no haber salida. En medio de esto, crecía en algunos sentidos y su vida cambiaba. Creció en cultura bíblica y en comprensión teológica. Empezó a participar de los ministerios en la iglesia del campus. Mientras su corazón estaba dividido en dos direcciones distintas, conoció a su futura esposa. Era una mujer hermosa, pura y espiritualmente madura. Parecía demasiado buena como para ser real. Para él, fue lo más cercano al amor a primera vista, pero también le produjo temor. ¿Y si se enteraba de quién era en verdad? ¿Y si se enteraba de dónde había estado y de lo que había hecho? ¿Y si alguna vez lo descubría mirando pornografía... qué sucedería?

Tomó dos decisiones. Primero, no estaba dispuesto a poner en peligro la primera relación buena de su vida hablándole a esta chica de cosas que sencillamente no podía manejar. No abriría jamás su corazón. Evitaría la necesidad de responder preguntas directas. Escondería su lucha. Segundo, decidió que se acababa el sexo ilícito; quedaba en su pasado y no volvería jamás. Y sabía cómo lo lograría: con el matrimonio. Claramente, Dios había traído a esta chica a su vida para ayudarlo a vencer lo que él no había podido conquistar. La relación sexual legítima del matrimonio lo liberaría del deseo de tener relaciones sexuales ilegítimas fuera del matrimonio. ¡Estaba tan feliz! Le propuso matrimonio, ella aceptó y se casaron dos meses después de graduarse.

Los primeros meses de matrimonio lo hicieron sentirse libre de las luchas del pasado. La novedad, la libertad y la emoción del sexo con su esposa en el contexto del matrimonio mantenía sus pensamientos y sus deseos concentrados allí. Empezó a pensar que había dado vuelta la página... hasta un día en el centro comercial. No solo se fijó en una mujer atractiva y pensó en cosas que no se le habían venido a la mente durante un tiempo, sino que la siguió por ahí, esperando ver más. Se fue del centro comercial devastado, pero no estaba dispuesto a confesar su secreto. Durante los días siguientes, tuvo una gran lucha, mezclada con momentos ocasionales de libertad. Pero la atracción era cada vez más fuerte, y estaba viviendo una doble vida. Su esposa no tenía idea y no estaba preocupada. Lo único que le molestaba era que no tenían tanta intimidad sexual como de costumbre. Él sabía que estaba en problemas, pero por más que creía en el poder de Dios, no tenía demasiadas esperanzas.

- - -

Ella había sido la animadora, la reina del baile y la chica estrella, pero sabía y admitía que había sido una chica fácil. Le encantaba provocar. Le fascinaba el poder de la seducción. Disfrutaba de escuchar cómo los muchachos le rogaban. Le encantaba vestirse de manera provocativa y que los demás la notaran. Disfrutaba de tener el cuerpo que los hombres querían tocar. Le encantaba ser el centro de atención, y si el sexo era la manera de lograrlo, que así fuera.

En la escuela secundaria, el objetivo era ser la chica que todos querían tener o ser. El objetivo era provocar sexualmente a sus compañeros varones y besuquearse en el auto con algunos elegidos. Le gustaba su cuerpo y que a los hombres también les gustara, y se fue acostumbrando a usar su cuerpo para obtener lo que quería. Parecía estar viviendo la vida de sus sueños, hasta que terminó la universidad. Quería casarse, pero no sabía que el matrimonio sería el final del estilo de vida que la impulsaba a levantarse a la mañana y le ayudaba a seguir adelante.

Una vez que consiguió al hombre indicado, se acabó el patrón de provocación, conquista y seducción. Para ella, el sexo no había sido una expresión de compromiso y de amor. Se había tratado de poder y placer personal. Así que el sexo matrimonial no le resultó ni emocionante ni atractivo. Por supuesto, fue emocionante al principio, pero al poco tiempo se volvió prosaico y aburrido.

Se encontró coqueteando en el trabajo o en el supermercado. Estaba mal, pero era emocionante. Usaba el doble sentido, se colocaba más cerca de los hombres de lo que correspondía y se vestía para llamar la atención. Cada vez más, se sentía atrapada en su matrimonio. Cada vez más, se sentía alejada de su esposo. Y el día en que terminó besando a su compañero de trabajo en el depósito, se dio cuenta de que estaba en aprietos. El problema era que no sabía qué hacer. Quería lo que no podía tener y no quería lo que había recibido. Además, estaba convencida de que, si era sincera sobre su pasado y su lucha presente, perdería todo. Decidió permanecer en silencio y dejar de engañar a su esposo, pero sus sentimientos y sus tentaciones no se terminaron.

El evangelio de Jesucristo y el sexo

Quizás alguna de estas historias se hacen eco de la tuya, o tal vez no. La realidad es que muchos cristianos están en medio de alguna clase de lucha o disfunción sexual en lo personal. Hay parejas casadas en la iglesia que no experimentan la unidad sexual hermosa y única que Dios diseñó. Hay muchos hombres que profesan ser cristianos y que viven una doble vida. Hay muchos solteros cristianos que sucumben ante tentaciones que son llamados a batallar. Hay muchos cristianos cuyas mentes se desvían a diario y cuyos deseos se descarrían en forma habitual. Y muchos de estos hermanos y hermanas en la fe viven en secreto y en silencio por temor. Desde un punto de vista teológico, saben que Jesús murió por sus pecados y que Su muerte incluye las promesas del perdón y la libertad, pero sencillamente no saben cómo pasar desde donde están hasta donde necesitan estar.

Saben que la razón por la cual vino Jesús es la esperanza para vencer el pecado, pero la inmoralidad sexual no es tan solo pecado... ya sabes, como mentir o engañar. Es algo diferente. Es algo privado. Es algo que genera vergüenza. No es algo de lo que se puede hablar.

En realidad, se quedan mirando la cruz vacía de Jesús, y para ellos, no es más que eso: algo vacío. Está vacía de esperanza y ayuda para ellos, así que viven en silencio. Minimizan la profundidad de su lucha y resuelven que mañana les irá mejor. O quizás ya se han dado por vencidos y han cedido, y esperan que, al final, Jesús los perdone.

En un mundo que se ha vuelto sexualmente loco, tenemos que ser mejores. Tenemos que dejar de guardar silencio. Tenemos que ayudarnos unos a otros a conectar el poder transformador del evangelio de Jesucristo con el sexo y con el pecado y las luchas sexuales. Hace falta romper el silencio. Es necesario brindar esperanza bíblica. Hace falta llamar a las personas a salir de sus escondites. Es necesario que las personas crean que es posible cambiar, y que actúen en consecuencia. La mayoría de nosotros necesita experimentar el perdón, la libertad, la esperanza y el ánimo del evangelio. De eso se trata este capítulo. La idea es mirar el sexo y las luchas sexuales a través de la lente de la gracia del Señor Jesucristo, que estimula a la esperanza. Comencemos.

1. No tienes por qué avergonzarte de tu condición de ser sexual.
Es necesario empezar por aquí. La cruz nos enseña que el sexo no es un problema; es un regalo. Jesús no sufrió y murió para librarte del sexo, sino para liberarte del pecado sexual. Nunca debes maldecir tu sexualidad, porque el mismo Dios que creó con sabiduría tu sexualidad llegó a ser tu Salvador. No vino a llenarte de culpa por ser una persona sexual, sino a librarte de la esclavitud del pecado sexual y de la culpa que genera. Tu sexualidad señala a Su gloria como Creador, y a la criatura maravillosa que eres. Es algo que la cruz te permite celebrar, porque es la gracia de la cruz la cual te da el poder de mantener el sexo en su lugar adecuado en tu corazón y en tu vida.

Tu problema y el mío no es fundamentalmente que somos seres sexuales; en esencia, el problema es que solemos amar más la creación que al Creador, y usamos los regalos buenos de Dios como no fueron creados para utilizarse. El pecado y las luchas sexuales no son fundamentalmente un problema de lo que hacemos con nuestro cuerpo, sino de lo que hacemos con nuestro corazón. El gran maestro y predicador puritano, Richard Sibbes, escribió poderosamente sobre esta lucha en *The Tender Heart* [El corazón tierno]:

> Una vez más, para conservar un corazón tierno, ten cuidado de la embriaguez espiritual; es decir, de no embriagarte con el uso excesivo de las cosas creadas, de amar demasiado las cosas externas. Porque, como dice el profeta: «Fornicación, vino y mosto quitan el juicio» (Os. 4:11, RVR1960); es decir, el uso excesivo de cualquier cosa terrenal adormece los sentidos espirituales; porque, cuanto más sensible se hace el alma a las cuestiones externas, más sensibilidad pierde a lo espiritual. Por cuanto a medida que lo externo apaga el calor interior, el amor por una cosa también aplaca el amor por otra. Amar demasiado las cosas terrenales afecta nuestra percepción de las cosas mejores y endurece el corazón. Cuando el corazón se llena de los placeres y las ganancias de la vida, se vuelve insensible a cualquier juicio que pende sobre nosotros; como en el mundo antiguo, comían y bebían, se casaban y se daban en casamiento, compraban y vendían, cuando el diluvio vino y los destruyó a todos (Luc. 17:27). Cuando un hombre pone su amor en las cosas creadas, se pierde la fuerza misma de su alma. [...] Háblale de religión a un hombre carnal, cuyos sentidos están perdidos en el amor por las cosas terrenales. No te prestará oído; ha perdido el sentido, ya no puede valorar ni [saborear] nada bueno. Habla con un hombre codicioso, cuya alma está puesta en los afanes de esta vida. Ya no puede disfrutar de nada más; su corazón está demasiado endurecido como para entender el honor y la riqueza. Aunque pueda ser la ruina de otros, no le importa lo endurecido que se ha vuelto. Por lo tanto, somos instados a cuidar que nuestro corazón no se embriague de los afanes de esta vida, porque estos hacen que el hombre se vuelva insensible a las cosas espirituales (Luc. 21:34).

Lo importante es aplicar al sexo lo que Sibbes dice sobre lo que se pone de manifiesto en el corazón. La lucha por la pureza sexual no es tanto una lucha contra el sexo, sino contra la propensión de nuestro corazón a desviarse; es decir, con la tendencia de todo pecador a buscar satisfacer su corazón en lugares incorrectos. Mientras estés buscando vida en la creación, no la buscarás en el Creador. El sexo es algo bueno y hermoso, pero el deseo de esto tan bueno se vuelve algo malo y peligroso cuando comienza a controlar el corazón. El problema es la idolatría del corazón pecaminoso. Así que, cuando le pides al sexo que te satisfaga, tienes que volver una y otra vez a lo mismo, porque la satisfacción del sexo es poderosa pero alarmantemente efímera. Recuerda que pedirle a la creación que sea tu salvadora siempre termina en alguna clase de adicción.

No tienes por qué avergonzarte de tu sexualidad, pero debes proteger tu corazón a medida que la pones en práctica.

2. No *tienes por qué negar que eres un pecador.*

Gran parte de lo que impulsa la locura personal y cultural con el sexo es una negación activa, habitual y a largo plazo. La pretensión de superioridad moral es una locura en sí, pero está presente en todos nosotros. La gracia de la cruz de Jesucristo significa que ya no tenemos por qué negar la realidad. No tenemos por qué esforzarnos por lograr que nosotros y los demás pensemos que somos justos. No tenemos por qué reformular lo que hemos hecho para que parezca mejor. No tenemos por qué esforzarnos para que a nuestra conciencia le resulte aceptable aquello que Dios dice que es malo. No tenemos por qué argumentar que estamos bien cuando en realidad no lo estamos. La gracia significa que no tenemos por qué temer a lo que puede descubrirse sobre nosotros o lo que pueda quedar en evidencia, porque sea lo que sea, ya ha sido plenamente cubierto por la sangre de Jesús.

Esto significa que no hace falta que niegues tu lucha por la pureza sexual. No es necesario que actúes como si fueras puro si no lo eres.

No es necesario que les mientas a los demás ni a ti mismo. No es necesario que te esfuerces por lograr que la lujuria no parezca lujuria. No es necesario que te convenzas de que tu vida sexual está bien cuando en realidad no lo está a los ojos de Dios. Es posible ser sincero, porque tenemos gracia a nuestro alcance. Es posible enfrentar la profundidad de tus luchas sexuales porque no las enfrentas solo; tu Salvador siempre está contigo. Tú y yo debemos recordar que la negación nunca es la puerta al cambio personal. La gracia de Jesucristo te permite vivir con la valentía de la sinceridad, sabiendo que hay gracia para cada cosa oscura y peligrosa que salga a la luz. Tu manera de abordar tu lucha por la pureza sexual cambia cuando aceptas que la gracia significa que ya no tienes que negar tu lucha. Sin embargo, hay algo más para decir sobre esto. La Biblia nunca presenta el pecado sexual como algo de una naturaleza distinta a la de los demás pecados. El pecado sexual puede tener distintas consecuencias sociales e interpersonales, pero es pecado, ni más ni menos. En Romanos 1, el pecado sexual se enumera junto con la envidia, el chisme y el engaño; incluso junto a algo tan común como la desobediencia a los padres. Por eso mismo esto es tan importante. Si empiezas a considerar el pecado sexual como un pecado de otra clase o naturaleza, entonces es lógico preguntarse si se le aplicarán las mismas promesas, esperanzas y provisiones bíblicas.

Una vez, hablé con una mujer que había luchado durante años con la atracción por el mismo sexo, y me dijo entre lágrimas: «Nunca nadie me trató como si fuera tan solo una pecadora. Pensaba que mi pecado era diferente, y que lo que funcionaba para los demás no se aplicaba en mi caso. Es maravilloso afirmar que todo el pecado sexual es pecado... es un pecado por el cual Cristo murió». El pecado sexual está dentro del círculo de rescate, perdón, transformación y gracia liberadora del Señor Jesucristo. Solo un enemigo engañoso y mentiroso se esforzaría para convencerte de que las provisiones de la cruz no pueden ayudarte, porque el pecado sexual es diferente. En nuestra lucha por la pureza sexual, cada uno de nosotros debe rechazar esa mentira.

3. No *tienes por qué negar la condición caída del mundo que te rodea.*

No hace falta que actúes como si la vida fuera fácil y tus luchas fueran pocas. No hace falta que actúes como si no hubiera tentaciones. Puedes admitir que una perturbadora tentación te deja agotado y, a veces, te confunde. Puedes clamar pidiendo ayuda cuando estás cansado, angustiado o cuando has perdido la batalla una vez más. Está bien enojarse por momentos ante lo que se ha vuelto el mundo que te rodea. Está bien entristecerse porque todo a tu alrededor está roto. Debería enfurecerte la realidad de que el sexo parezca infectar prácticamente todo lo que ves. Debes aceptar la realidad de que es mundo, aquí mismo y ahora, nunca será el paraíso que tu corazón anhela. El paraíso está en camino, pero no ha llegado.

Debería entristecerte que la pureza de tu corazón siempre esté bajo el ataque de las voces seductoras del mal que te rodean. Debería enfurecerte que sea necesario proteger la santidad y la pureza de tu matrimonio porque estamos en un mundo donde la tentación acecha por doquier. Está bien que estés en contra de todas estas cosas. No deberías acostumbrarte al lamentable estado de las cosas. Debería enojarte que el hermoso regalo de Dios de la sexualidad se haya torcido y distorsionado tanto. Debería enfurecerte que hayamos enloquecido en el ámbito sexual. Y deberías gemir y lamentarte ante tu Salvador, el cual escucha y se interesa.

Las palabras de Romanos 8 nos resultan útiles, ya que Pablo conecta el evangelio de Jesucristo con la sinceridad sobre el caos del mundo que nos rodea:

De hecho, considero que en nada se comparan los sufrimientos actuales con la gloria que habrá de revelarse en nosotros. La creación aguarda con ansiedad la revelación de los hijos de Dios, porque fue sometida a la frustración. Esto no sucedió por su propia voluntad, sino por la del que así lo dispuso. Pero queda la firme esperanza de que la creación misma ha de ser liberada de la corrupción que la esclaviza, para así alcanzar la gloriosa libertad de los hijos de Dios. Sabemos que toda la creación todavía gime a una, como si tuviera dolores de parto. Y no solo ella, sino también nosotros mismos, que tenemos las primicias del Espíritu, gemimos interiormente, mientras aguardamos nuestra adopción como hijos, es decir, la redención de nuestro cuerpo. Porque en esa esperanza fuimos salvados. Pero la esperanza que se ve ya no es esperanza. ¿Quién espera lo que ya tiene? Pero, si esperamos lo que todavía no tenemos, en la espera mostramos nuestra constancia. Así mismo, en nuestra debilidad el Espíritu acude a ayudarnos. No sabemos qué pedir, pero el Espíritu mismo intercede por nosotros con gemidos que no pueden expresarse con palabras. Y Dios, que examina los corazones, sabe cuál es la intención del Espíritu, porque el Espíritu intercede por los creyentes conforme a la voluntad de Dios. Ahora bien, sabemos que Dios dispone todas las cosas para el bien de los que lo aman, es decir, de los que él ha llamado de acuerdo a su propósito. Porque a los que Dios conoció de antemano, también los predestinó a ser transformados según la imagen de su Hijo, para que él sea el primogénito entre muchos hermanos. A los que predestinó, también los llamó; a los que llamó, también los justificó; y a los que justificó, también los glorificó. ¿Qué diremos frente a esto? Si Dios está de nuestra parte, ¿quién puede estar en contra nuestra? El que no escatimó ni a su propio Hijo, sino que lo entregó por todos nosotros, ¿cómo no habrá de darnos generosamente, junto con él, todas las cosas? ¿Quién acusará a los que Dios ha escogido? Dios es el que justifica. ¿Quién condenará? Cristo Jesús es el que murió, e incluso resucitó, y está a la derecha de Dios e intercede por nosotros. ¿Quién nos apartará del amor de Cristo? ¿La tribulación, o la angustia, la persecución, el hambre, la indigencia, el peligro, o la violencia? Así está escrito:

«Por tu causa siempre nos llevan a la muerte;
   ¡nos tratan como a ovejas para el matadero!».

Sin embargo, en todo esto somos más que vencedores por medio
de aquel que nos amó. Pues estoy convencido de que ni la muerte
ni la vida, ni los ángeles ni los demonios, ni lo presente ni lo por
venir, ni los poderes, ni lo alto ni lo profundo, ni cosa alguna
en toda la creación podrá apartarnos del amor que Dios nos ha
manifestado en Cristo Jesús nuestro Señor. (vv. 18-39)

Pablo argumenta aquí que, como fuiste bendecido con el amor
inconmovible del Señor Jesucristo, puedes enfrentar las luchas de la
vida en este mundo caído con sinceridad y esperanza. La fe bíblica
nunca te pide que niegues la realidad. La sinceridad sobre las luchas
interiores y las tentaciones externas es necesaria para vivir en pureza
sexual.

4. No *tienes por qué esconderte con culpa y temor.*

Uno de los momentos más tristes de la Escritura se encuentra en
Génesis 3. Por primera vez, vemos a Adán y a Eva escondidos de su
Creador, muertos de miedo. Diseñados para una comunión eterna y
transformadora con Él, ahora tienen miedo de enfrentarlo. De inmediato, nos damos cuenta de que algo horrible sucedió. Nunca es una
buena señal esconderte de alguien a quien profesas amar. Esconderte
por culpa y temor es una señal de advertencia de que algo salió muy
mal. Esconder un problema casi nunca lleva a solucionarlo. Mentir-
les a los demás sobre tu problema nunca lleva a que te entiendan y
te ayuden. Te escondes cuando te convences de que estás bien. Te
escondes cuando minimizas tu lucha. Te escondes cuando les mientes
a los demás. Te escondes cuando les respondes de manera vaga e
imprecisa a los que intentan ayudarte. Te escondes cuando intentas
tapar tu lucha fingiendo que eres más espiritual de lo que eres. Te
escondes cuando te convences de que puedes hacer por tu cuenta lo
que solo podrás lograr con la ayuda de Dios y de los demás.

La cruz de Jesucristo te recibe con brazos abiertos cuando sales de tu escondite, porque en ella, Jesús soportó tu castigo, cargó con tu culpa, llevó a cuestas tu vergüenza y sufrió tu rechazo. Hizo todo esto para que no tuvieras que esconderte de Dios. Lo hizo para que, en tu pecado, tu debilidad y tus fracasos, pudieras correr a un Dios santo en lugar de huir de Él. Lo hizo para que pudieras vivir en la luz, en vez de moverte en la oscuridad. Lo hizo para que encontraras misericordia y gracia en tu momento de necesidad. Así que sal de tu escondite y busca ayuda. Tu Salvador soportó el rechazo que tendríamos que haber recibido para que, incluso ante nuestro fracaso, Dios nunca nos dé la espalda y nos abandone. Ahora, ¡eso sí que es gracia!

5. *No tienes por qué pelear tu batalla solo.*
La oscura clandestinidad del pecado sexual puede hacerte sentir enajenado, incomprendido, rechazado y solo. Puedes terminar pensando que nadie te entenderá jamás, que nadie querrá estar cerca de ti ni ayudarte. La privacidad de la doble vida de muchos de los que luchan con el pecado sexual puede hacerlos sentir separados de las personas que están más cerca. Si eres un hijo de Dios, es imposible que estés solo. Permítame hacer esta distinción: no es imposible que te *sientas* solo, pero es imposible que *estés* solo. Tú y yo debemos distinguir entre el poder de lo que sentimos y las realidades que deberían formar la manera en que actuamos y respondemos.

Aquí es donde el mensaje de la Escritura proporciona un ánimo tan grande. El mayor regalo de Dios para nosotros es el regalo de Él mismo. Lo verdaderamente revolucionario es Su presencia. Los principios de sabiduría de la Escritura no merecerían el papel donde están impresos si no fuera por la poderosa presencia del Redentor, que rescata y transforma. Si Él no estuviera con nosotros, por nosotros y en nosotros, no podríamos entender los principios, no desearíamos vivir de acuerdo a ellos y no tendríamos el poder de hacerlo por más que quisiéramos. Nuestra esperanza para cambiar es una persona, el Señor todopoderoso.

A medida que leas la Biblia, observarás que, cada vez que el pueblo de Dios experimentaba una dificultad aparentemente insuperable, Dios no intentaba estimularles la confianza en sí mismos. En cambio, les recordaba Su presencia. Cuando Dios llamó a Moisés a confrontar al faraón, el gobernante más poderoso de la tierra, y Moisés tuvo miedo de ir, el Señor le dijo: «Yo estaré contigo» (Ex. 3:12). Cuando Dios llamó a Josué a guiar a Israel para que venciera a las naciones enemigas de Palestina, Dios le recordó que estaría con él dondequiera que fuera (Jos. 1:5,9). Cuando Gedeón estaba muerto de miedo al pensar en dirigir a Israel contra la nación invasora de Madián, Dios le dijo: «El Señor está contigo» (Jue. 6:12, LBLA). Cuando Dios llamó a David para que fuera el rey sobre una Israel vencida y dividida, le recordó que había estado con él y lo animó afirmándole que seguiría haciéndolo (2 Sam. 7:9). Cuando Jesús envió a Sus novatos discípulos a llevar el evangelio a un mundo que no lo quería, les recordó que siempre estaría con ellos (Mat. 28:20). Y mientras tú y yo luchamos con la pureza sexual en un mundo que se ha vuelto sexualmente loco, Dios nos afirma: «Nunca te dejaré; jamás te abandonaré» (Heb. 13:5). Como hijo de Dios, es imposible pelear la batalla por la pureza solo, porque en ti habita un Espíritu guerrero que lucha a tu favor, incluso cuando no tienes el buen juicio de clamar pidiendo Su ayuda.

Sin embargo, hay más. Dios nos ha colocado en Su iglesia porque sabe que nuestra travesía hacia la pureza sexual es un proyecto comunitario. No fuimos diseñados para conocernos con claridad, para identificar los lugares donde hace falta cambiar y para luchar por lograr ese cambio por nuestra cuenta. Como afirma Pablo en Efesios 4:16, «todos los ligamentos» hacen su parte a medida que el cuerpo de Cristo crece hacia la madurez. Si deseas ser sexualmente puro, necesitas a personas que te ayuden a superar la ceguera del pecado para poder verte bien. Si quieres ganar terreno, necesitas personas que te confronten cuando te estés rebelando y te animen cuando te sientas débil. Pero más que nada, necesitas personas que te recuerden una y otra vez la presencia poderosa de tu Redentor y las provisiones abundantes de Su gracia.

Tú y yo jamás venceremos el pecado sexual y viviremos en pureza apacible si intentamos hacer algo para lo cual no fuimos creados: pelear la batalla por nuestra cuenta.

6. *No tienes por qué cuestionar el amor paciente de Dios.*

A medida que somos confrontados con la volatilidad de nuestro corazón, nuestra debilidad ante las tentaciones, la rebelión que nos lleva a hacer lo malo incluso cuando sabemos que es malo, y la arrogancia de pensar que sabemos lo que nos conviene más que Dios, ¿acaso hay mayor incentivo para nosotros que la declaración de que nada puede separarnos del amor de Dios en Cristo Jesús? El amor de Dios es tuyo para siempre, no por tu fidelidad, sino por la Suya. El amor de Dios es constante, no porque te lo hayas ganado en tu justicia, sino porque Dios sabía que era la única esperanza para ti en tu injusticia. El amor de Dios nunca disminuye, incluso cuando tu lealtad a Él lo haga, porque no se apoya en tu desempeño sino en Su carácter.

Lo importante es lo siguiente: si crees que el amor de Dios está en juego, que te lo quitará cuando te equivoques, entonces en el momento en que fracases no correrás a Él, sino que huirás de Él. Pero si de verdad crees que, cuando corras a Él en tu momento más profundo de necedad, debilidad, fracaso o rebelión sexual, te recibirá con brazos de amor redentor, entonces no tiene sentido esconderse de Él o separarte de Su cuidado. En última instancia, en tu lucha con el sexo, tu amor por Dios nunca es tu esperanza. La esperanza solo puede hallarse en Su amor por ti. Como te ama, desea lo mejor para ti y obrará para vencer a los enemigos de tu alma, hasta que el último enemigo haya sido vencido y tu lucha haya terminado.

7. *Puedes dejar de pensar que es imposible cambiar.*

Por todas las razones anteriores, eres libre para dejar de pensar que es imposible vencer el pecado sexual. No puedo decirte la cantidad de personas a las que he aconsejado en medio de alguna clase de lucha sexual y desesperación funcional. Todavía no habían abandonado su teología formal, pero habían perdido toda esperanza de que las verdades de esa teología tuvieran algún impacto sobre sus vidas. Habían empezado a sucumbir ante la deprimente perspectiva de que era imposible vencer aquello con lo cual estaban lidiando. Es más, algunos dijeron algo así: «He visto a otras personas vencer pecados en sus vidas, y he visto cómo algunas cosas cambian en la mía, pero no es el caso con esta. Por más que me esfuerzo y por más que ore con fervor, nada parece cambiar».

Pero la verdad es la siguiente: como lo que estás enfrentando es pecado, como es exactamente lo que Cristo venció con Su muerte, como nunca estás solo mientras Cristo pelea a tu favor, como Él te ha bendecido con misericordias que se renuevan cada mañana y como te ha rodeado de recursos protectores y restauradores en el cuerpo de Cristo, no estás incrustado en cemento. Puedes cambiar. Puedes ser puro. El cambio no es una fantasía teológica. Es la brillante promesa de la cruz de Jesucristo. Llegará el día en el cual ya no luches más. ¿Por qué no rechazar la desesperanza y dirigirte en esa dirección ahora mismo?

8. Puedes vivir de una manera nueva y mejor.

Así que, si el cambio es verdaderamente posible por gracia, la única respuesta lógica es levantarte por la mañana con el valor de la fe y empezar a abordar lo que está roto en tu vida sexual. Tal vez te ayuden las siguientes preguntas.

- ¿Cuáles son las situaciones que te suelen disponer al fracaso?
- ¿En qué sueles tomar decisiones insensatas?
- ¿Dónde te expones a cuestiones que no te ayudan?
- ¿En qué aspectos tiendes a convencerte de que estás bien cuando no lo estás?
- ¿Qué cosas te dices que hacen que no puedas cobrar esperanza?

- ¿En qué áreas sabes bien que algo está mal y lo haces de todas maneras?
- ¿Dónde y cuándo eres más susceptible a ceder a la tentación?
- ¿Dónde le estás pidiendo al placer físico y sexual que satisfaga tu corazón?
- ¿De qué maneras sueles minimizar tu lucha?
- ¿Con quién no estás siendo del todo sincero?
- ¿Hay algún momento en el cual todavía te permitas cuestionar el amor de Dios?

Ahora bien, ya sabes que responder estas preguntas no te rescatará de la tentación ni te hará puro. Pero puedes usarlas para entender mejor tu lucha, para empezar a pensar cómo sería una manera nueva y mejor, y a identificar los lugares en los cuales tienes que pedir ayuda. En otras palabras, las preguntas pueden servir de herramientas en manos de un Dios de gracia gloriosa, el único que tiene el poder para vencer el pecado en tu vida y madurarte para que seas una persona pura de corazón y de manos.

Verás, solo el evangelio de Jesús tiene el poder de traer cordura a la sexualidad en un mundo enajenado y, junto con este poder, la posibilidad de una transformación personal real y duradera. Sí, puedes vivir una vida sexual que honre a Dios en un mundo que se ha vuelto loco. Sin duda, puedes hacerlo.

Para repasar y reflexionar

1. ¿De qué maneras la sexualidad humana señala la gloria de Dios como Creador?

2. ¿Cómo nos libera la realidad de la gracia de Dios de la necesidad de restarle importancia a nuestras luchas con el pecado?

3. ¿En qué sentido el pecado sexual es similar y diferente de otras clases de pecado? ¿Cómo nos libera la cruz de Cristo de la culpa y el temor, y nos permite tener esperanza y ser obedientes?

4. «El mayor regalo de Dios para nosotros es el regalo de Él mismo» (pág. 161). ¿Cómo nos llena de poder esta realidad en nuestra lucha contra el pecado sexual? ¿Por qué es crucial incluir a otras personas en nuestra batalla?

5. Escribe tus propias respuestas a las preguntas que plantea Paul Tripp:

   - ¿Cuáles son las situaciones que te suelen disponer al fracaso?

   - ¿En qué sueles tomar decisiones insensatas?

   - ¿Dónde te expones a cuestiones que no te ayudan?

   - ¿En qué aspectos tiendes a convencerte de que estás bien cuando no lo estás?

   - ¿Qué cosas te dices que hacen que no puedas cobrar esperanza?

- ¿En qué áreas sabes bien que algo está mal y lo haces de todas maneras?

- ¿Dónde y cuándo eres más susceptible a ceder a la tentación?

- ¿Dónde le estás pidiendo al placer físico y sexual que satisfaga tu corazón?

- ¿De qué maneras sueles minimizar tu lucha?

- ¿Con quién no estás siendo del todo sincero?

- ¿Hay algún momento en el cual todavía te permitas cuestionar el amor de Dios?

¿Cómo te ayudan tus respuestas a definir tu lucha personal? Identifica pasos específicos que puedes dar para alcanzar ayuda y esperanza.

Reinicia tu corazón
- Josué 1:1-9

- Oseas 4:10-11

- Romanos 8:18-39

- Hebreos 13:5

11

El sexo: ¿Estás viviendo como un mendigo?

El misionero contó una historia apremiante, una que captó mi atención y todavía lo hace al día de hoy. Estaba ministrando en un país con terrible pobreza a personas que no tenían absolutamente nada. Una vez, mientras caminaba hacia el mercado a comprar provisiones, se encontró con un grupo de niñitos que vagaba por allí. No tenía mucho dinero, pero se conmovió al ver a estos niños, que tenían escasa esperanza y un futuro oscuro por delante. Metió la mano en el bolsillo y le dio al niño que parecía ser el líder del grupo el equivalente a diez dólares estadounidenses. El niño tomó en sus manos esta riqueza que jamás había imaginado y que, sin duda, nunca volvería a ver. «Úsalo con sabiduría», le dijo el misionero y siguió su camino.

Después de comprar provisiones, el hombre volvió caminando por el mismo sendero. Escuchó el sonido de un parloteo alegre y divisó al mismo grupo de niños. Se quedó pasmado al ver que cada niño tenía un helado en la mano. El misionero no podía creer lo que veía. De inmediato, se llenó de enojo, llevó aparte al líder del grupo y lo reprendió, diciéndole: «Te di más dinero del que viste jamás, ¿y para esto lo usas?». Sin dudar, el muchachito respondió: «Señor, ayer éramos pobres, mañana seremos pobres, pero hoy tenemos helado».

Verás, la pobreza no es tan solo un estado; se transforma en una identidad. Lo que el niño estaba diciendo era: «Usted lo entiende bien, señor. Soy pobre y siempre seré pobre. Su dinero no quita mi pobreza, así que hoy me adormeceré con placer, porque no tengo ninguna esperanza de que algo vaya a cambiar». Tristemente, muchas personas que se llaman cristianas y que profesan creer en el evangelio del Señor Jesucristo viven con una mentalidad de pobreza. Creen que no tienen nada con lo cual enfrentar lo que viven a diario; tienen escasas esperanzas de llegar a tener algo, así que se adormecen con los placeres del momento. Sin embargo, detrás de esta mentalidad de pobreza, hay una idea subyacente.

Estoy convencido de que hay mucha confusión de identidad en el cuerpo de Cristo. Creo que hay muchos creyentes que simplemente no saben quiénes son. Esto es importante, porque todo ser humano racional se asigna alguna clase de identidad. En esa constante conversación influyente e informativa con nosotros mismos, nos decimos quiénes somos. Y la identidad que nos asignamos determina cómo abordamos lo que tenemos entre manos.

Cuando tienes *confusión de identidad,* sueles vivir con una *mentalidad de pobreza,* lo cual te convierte en presa fácil para la *locura sexual.* Solo las riquezas pueden librarte de las riquezas. En otras palabras, solo las riquezas de la gracia de Jesús, que satisfacen el corazón, pueden protegerte y librarte de las «riquezas» engañosas y decepcionantes de este mundo caído. Solo cuando tu corazón está contento, puedes tener una protección duradera contra una adicción a los placeres temporales del mundo creado. Es fundamental entender las riquezas que te han sido dadas en Cristo. Es esencial encarar la vida como alguien rico. No tiene sentido salir a pedir a la calle, cuando has recibido una herencia que supera tus sueños más descabellados.

— — —

El hombre estaba sentado en la silla, cabizbajo una vez más. Tenía la expresión de alguien completamente derrotado y sin esperanza. Había venido a verme, pero no quería estar allí; había dicho algunas cosas, pero no le interesaba hablar. Ninguna prueba lo había traído a este punto. No, por fin se había visto con precisión, y lo que veía le quitaba el aliento. Ahora, sabía que sus luchas eran más grandes de lo que jamás había imaginado, y que su debilidad era mucho mayor de lo que pensaba. Después de lo que parecieron horas de silencio, pero en realidad fue menos de un minuto, levantó la mirada y me dijo: «Creo que nunca me sentí más débil y desanimado». Apenas lo dijo, me sentí aliviado. Tenía razón... su historia era una crónica de debilidad. Tenía razón... si dependía de él, no tenía esperanza.

Si puedes mirar a la cara a tu locura sexual personal y decir: «No hay problema, puedo manejarla», entonces eres alguien con profundos problemas espirituales. Solo cuando te sientes aplastado por la pobreza de tu deseo, tu capacidad y tu esperanza, podrás empezar a emocionarte por las riquezas que son tuyas por la gracia del Señor Jesucristo. Y solo cuando lees a diario el evangelio de esas riquezas, puedes tener la perspectiva y el valor de pelear las batallas a las que Dios te llama y para las cuales te da Su gracia.

En ese momento, supe que no lo ayudaría si minimizaba sus tentaciones diarias. Sabía que no lo ayudaría negar el poder de la guerra que estaba experimentando. Tampoco lo ayudaría apoyar su evaluación de su propia fuerza. Hacer cualquiera de estas cosas hubiera implicado caer en el poder y la atracción engañosos de la enajenación sexual. Mientras estaba allí con él, recordé una vez más que la desesperanza es la puerta a la esperanza. Solo cuando abandonamos nuestra esperanza en nuestra propia justicia, sabiduría y fortaleza, y solo cuando abandonamos nuestra esperanza de que el mundo creado pueda salvarnos, podemos echar mano de las riquezas de la justicia, la sabiduría y la fortaleza que se encuentran únicamente en Jesús.

¿Quién te dices que eres? ¿Te apropias de la riqueza de una justicia y una fortaleza independientes que no te pertenecen? ¿Te parece que eres más sabio de lo que eres en realidad? ¿O te predicas acerca de tu soledad, tu pobreza y tu incapacidad? ¿Tienes más capacidad para convencerte de que tienes menos posibilidades que una persona de fe sólida? Verás, tanto el creyente que dice: «Puedo manejar esta situación» como el que se convence de que: «Alguien como yo no tiene esperanza» sufren de lo mismo: *amnesia de identidad.* Han sido salvos por la sangre de Jesús, pero entre su perdón pasado y su futuro en la eternidad, sencillamente han olvidado o nunca entendieron en verdad quiénes son. Así que no buscan la ayuda que necesitan, no descansan en la gracia que les fue dada ni pelean sus batallas con las armas que recibieron por gracia.

Una gracia abundante

Es uno de mis pasajes favoritos de la Escritura. Ha sido mi amigo fiel. Me ayuda a levantarme por la mañana. Me recuerda quién soy, me ayuda a evaluar correctamente lo que me fue dado y me da la valentía para enfrentar las batallas del día. Es uno de esos pasajes en los cuales Dios nos pinta un hermoso retrato con palabras:

> ¡Vengan a las aguas
> todos los que tengan sed!
> ¡Vengan a comprar y a comer
> los que no tengan dinero!
> Vengan, compren vino y leche
> sin pago alguno.
> ¿Por qué gastan dinero en lo que no es pan,
> y su salario en lo que no satisface?
> Escúchenme bien, y comerán lo que es bueno,
> y se deleitarán con manjares deliciosos.
> Presten atención y vengan a mí,
> escúchenme y vivirán.
> Haré con ustedes un pacto eterno,
> conforme a mi constante amor por David. (Isa. 55:1-3)

¡Qué imagen maravillosa de los placeres de la gracia, que satisfacen el alma! Nunca entenderás quién eres, lo que te ha sido dado y los recursos que tienes a tu alcance ahora mismo hasta que comprendas que, como hijo de Dios, has sido invitado a participar de la mesa del banquete del Rey. Es una invitación que jamás habrías podido comprar. Es una comida que no mereces. Tienes a tu alcance un banquete que no podrías haberte ganado. Solo cuando entiendas quién eres y la mesa que la gracia ha puesto a tu disposición, dejarás de intentar alimentar tu alma con lo que nunca podrá satisfacerte. Descansar en las riquezas que recibiste es lo único que te librará de buscar riquezas donde no las hay. Solo un corazón lleno y satisfecho está libre de la locura de un corazón famélico. Solo cuando comes con gozo la comida del Rey, dejas de buscar sustento en otra parte. Solo cuando descansas en la realidad de que recibiste vida, puedes dejar de buscar que la satisfacción sexual te dé vida. Cuando empiezas a entender que fuiste invitado a un banquete sin final, que eres bienvenido a la mesa del Rey para siempre, dejas de intentar robar algún bocado de otras mesas.

La abundante comida de la redención

Entonces, ¿qué implica en la práctica afirmar tu identidad como hijo de Dios y vivir a la luz de Sus espléndidos recursos de gracia? ¿Qué significa abordar la lucha con el sexo desde la perspectiva del evangelio de Jesucristo? ¿Qué nuevas maneras de vivir resultarían de creer verdaderamente que te han dado la bienvenida a la mesa del banquete del Rey de reyes, donde tu alma quedará satisfecha? ¿Cuál es el evangelio de aquí mismo y ahora que cada uno debe predicarse cada día para protegerse de la enajenación sexual que suele acechar en nuestro interior y que nos rodea por todas partes? A continuación, veremos un punto de partida.

1. *Nunca estoy solo.*

En tu lucha por una mayordomía de tu cuerpo que honre a Dios y por la pureza de tu corazón, debes repetirte una y otra vez que, si eres un hijo de Dios, si fuiste redimido por Su gracia y has sido recibido en Su familia eterna, es absolutamente imposible que estés solo. No hay ninguna situación, relación, lugar ni lucha en la cual estés solo. No, tu vida ha sido invadida por el Salvador, el Rey, el Cordero, el Capitán, el Vencedor Jesucristo. Él es tu vida espiritual. Él es tu poder, tu sabiduría y tu esperanza. Es el alimento y la bebida en la mesa del Rey. El regalo más maravilloso de Dios para nosotros no es una cosa... es una persona. Nuestra necesidad era tan imperiosa, nuestra batalla con el pecado era tan profunda, que Él sabía que lo único que nos ayudaría era Él mismo. Así que se entregó en el regalo de Su Hijo crucificado, resucitado y que habita en nosotros.

Esto significa que ya no puedo mirar mi vida y mis luchas con el sexo con una perspectiva de «yo solo contra el mundo». No puedo permitirme evaluar mi potencial para vencer la próxima tentación según mis antecedentes y el tamaño de lo que estoy enfrentando. No puedo ir por ahí pensando que estoy librado a mi ingenio y a mi propia fuerza. Esta forma de pensar niega las realidades del evangelio sobre quién soy y sobre lo que me ha sido dado. La presencia del Señor conmigo siempre desmiente cualquier estimación personal de soledad o incapacidad.

Ahora, esta realidad de Su presencia parece ilógica. Nos resulta natural dudar, temer, estar ansiosos, sentir envidia de la vida de otra persona, preguntarnos si seremos lo suficientemente capaces y desear que la vida fuera más sencilla; pero vivir a la luz de la presencia constante del Redentor no. Por eso es tan importante predicarnos esta verdad una y otra vez.

2. *Tengo todos los recursos que necesito.*

El apóstol Pablo afirma que Dios «nos ha bendecido [...] con toda bendición espiritual en Cristo» (Ef. 1:3). Además, termina su argumento en Romanos 8, sobre la vida en el mundo caído, con estas palabras: «El que no escatimó ni a su propio Hijo, sino que lo entregó por todos nosotros, ¿cómo no habrá de darnos generosamente, junto con él, todas las cosas?» (v. 32). Pedro escribe estas palabras alentadoras a las personas que sufren y luchan: «Su divino poder [...] nos ha concedido todas las cosas que necesitamos para vivir como Dios manda» (2 Ped. 1:3). Sí, Dios ha decidido mantenernos un tiempo aquí, donde existe toda la gama de tentaciones de locura sexual y donde se nos presenta de alguna manera cada día. Es cierto, todavía vivimos en un mundo donde el diablo nos acecha como una bestia voraz. Y también es cierto que, entre lo que ya sucedió y lo que todavía no ha llegado, llevamos en nuestro interior una susceptibilidad al pecado. Pero no es cierto que estamos solos y sin recursos.

La gracia implica que Dios no te dejará solo, y que nunca te llamará a una situación o un lugar sin darte lo que necesitas para hacer lo que te llamó a hacer. Así que, por momentos, debo huir, y hay otras ocasiones en las que debo permanecer firme y resistir. Tengo que evitar la tendencia a creerme más sabio, más justo y más fuerte de lo que soy en realidad. Debo resistir la oscura mentira del enemigo, que se me acerca de diversas maneras e intenta hacerme creer que puedo encontrar vida fuera del Salvador. Tengo que resistir la atracción de buscar satisfacción para mi corazón en algo como el placer sexual. Debo lidiar con mi tentación de amar la creación más que al Creador. Siempre debo vigilar y ser consciente de a qué le estoy rindiendo mi corazón. Pero no hago ninguna de estas cosas por mi propio poder ni con mis propios recursos. Puedo pararme y declarar que no tengo poder por mi cuenta de resistir ni de vencer el pecado, y descansar con absoluta paz, porque cuento con la bendición de los abundantes recursos de la gracia sublime. No tengo que esperar poder conseguir lo que necesito. No, la cruz me garantiza que ya tengo en mi depósito espiritual personal todo lo que jamás podría necesitar. Es imposible que te prediques esto en exceso.

3. He sido perdonado.

Lo que suele impulsar las luchas sexuales clandestinas, permitiendo que el pecado haga estragos, es la poderosa tríada de la pretensión de superioridad moral, la culpa y la vergüenza. Primero, en un acto de irracionalidad, le atribuyo mi sensación de bienestar a mi propia justicia, olvidando que lo mejor de mi justicia se asemeja a un trapo sucio, así que intento probarle a Dios, probarme a mí mismo y demostrarles a los demás que soy justo. Debido a esto, minimizo, niego, excuso, racionalizo o desplazo la culpa de mi pecado. Me esfuerzo por verme bien ante algo que no está bien. Reformulo mi propia historia y reescribo mis relatos, todo en un intento de expiarme a mí mismo. Mientras tanto, la locura de la atracción, la tentación y la adicción al sexo crece en mi corazón.

O entro en pánico ante la clara evidencia que presentan mis luchas sexuales de que no soy justo en absoluto. Doy lugar al temor porque vuelvo a arruinar las cosas una y otra vez. Y cuando no estoy actuando de esta manera, me siento constantemente atraído a cosas que no debería desear. No puedo escapar de la culpa de mi infidelidad práctica y no puedo lograr que todo parezca estar bien. Así que me escondo avergonzado, con temor al rechazo de otros y al enojo de Dios. No puedo creer que Dios pudiera amar a una persona como yo. Esto también se desprende de una debilitante pretensión de justicia que olvida por completo el evangelio de Jesucristo.

No importa cuán inusualmente justo seas. No importa lo puro que seas en tu trato con tu ex. No importa cuán fuerte seas frente a la tentación. Tu situación con Dios nunca se basa en tu propia justicia, sino en la Suya. Su vida perfecta, Su muerte aceptable y Su resurrección que venció a la muerte garantizaron que puedas estar a cuentas con Dios. Todos tus pecados —pasados, presentes y futuros— fueron cubiertos por Su sangre. Su justicia fue atribuida a tu cuenta. Así que, incluso en tu momento de mayor fracaso, no tienes por qué esconderte de Dios ni temer Su presencia. Tu castigo ya fue pagado y se te concedió aceptación eterna, así que puedes acudir a la presencia de Dios, perdido y roto como sueles estar, sin temor a que te rechace. La gracia te garantiza el perdón, paga el castigo de tu culpa y te quita de los hombros el peso de la vergüenza. Sencillamente es imposible que te prediques demasiado a menudo sobre el perdón.

4. Hay alguien que me entiende.

El escritor de Hebreos nos tranquiliza con estas palabras: «Porque no tenemos un sumo sacerdote incapaz de compadecerse de nuestras debilidades, sino uno que ha sido tentado en todo de la misma manera que nosotros, aunque sin pecado» (Heb. 4:15). Al escribir estas palabras, el autor pone en evidencia una de las crueles mentiras del enemigo. Esta mentira quiere paralizarte mientras intentas batallar contra el sinfín de tentaciones sexuales que encuentras por todas partes. La mentira es la siguiente: «Nadie entiende lo que estás pasando porque nadie está atravesando la misma situación». Esta mentira no solo está elaborada para que aceptes el pensamiento desalentador de que nadie podría entenderte jamás, sino que también está diseñada para lograr algo incluso más debilitante. Está diseñada para lograr que dudes de la bondad de Dios. La base de esta mentira es: «Nadie te entenderá, porque estás en una situación singular. Mira a tu alrededor: nadie está atravesando lo mismo que tú. Quizás Dios se ha olvidado de ti. Tal vez no está siempre ahí. Quizás realmente tenga a Sus favoritos. ¿Quién te dice que siempre responde a la oración?». Todo esto quiere lograr que dudes de la bondad de Dios, porque si no confías en Su carácter en los momentos de tentación sexual, no acudirás a Él en busca de ayuda.

Sin embargo, el escritor de Hebreos afirma precisamente lo opuesto. Con el deseo impulsado por gracia de que tengas la ayuda indicada en el momento de tu necesidad frente a la lucha con el sexo, Jesús se expuso a toda clase de tentaciones como las que enfrentas, para que siempre puedas estar seguro de que estás buscando la ayuda de alguien que sabe exactamente lo que estás atravesando. Y como Él sabe exactamente por qué estás pasando, puede ofrecerte una ayuda a la medida de la batalla del momento. Así que no tienes por qué darle lugar a la incertidumbre ni a la duda. No, puedes acudir a Él con absoluta confianza. Él sabe, comprende y te recibe con la compasión de alguien que no solo ha estado en tu lugar, sino que también ha vencido lo que necesitas vencer. ¡Vaya! No pasa un día sin que tengamos la necesidad de escuchar esto.

5. El cambio es posible para mí.

Todo esto significa que, más allá de todas las veces en que haya fracasado, de todas las veces en que haya dicho sí cuando debía decir no, o en que me haya sentido derrotado, no estoy atascado; es verdaderamente posible cambiar. Una gracia poderosa, celosa e imparable se ha hecho cargo de mi existencia y la ha alterado. No importa cuán grande sea mi pecado, no importa cuán insensato haya sido, y no importa cuán desastrosos sean mis antecedentes, la gracia ganará al final. El reino de Dios vendrá. Su voluntad será hecha. No descansará hasta que cada microbio de pecado haya sido quitado de cada célula de cada corazón de todos Sus hijos.

En nuestra batalla con la locura sexual, tenemos la bendición de ser hijos e hijas de un Redentor celoso y que no se ha conformado. Él no se desanima. No entra en pánico cuando las cosas se ponen difíciles. No se pregunta si habrá tomado una mala decisión al concederte Su gracia. No se retuerce las manos y desea que el problema desaparezca. No abandonará por la mitad la tarea. Y, por cierto, no dejará Su obra en ti ni te dará la espalda. Puedes cambiar, no porque tengas las motivaciones correctas o la cantidad adecuada de poder, sino porque Él no se quedará tranquilo hasta que el enemigo final haya sido vencido.

Tú y yo sencillamente no podemos permitirnos darle lugar a la parálisis de la desesperanza. Es cierto, habrá momentos en los cuales el cambio nos parezca imposible. Habrá momentos en los cuales parezca que todo empeora en lugar de mejorar. Habrá momentos en los que nos veremos tentados a preguntarnos si Dios está allí y si será el que declaró que era. Habrá momentos en los que nos preguntaremos si la gracia nos habrá salteado. Pero debemos recordar que nuestro Redentor no es como nosotros. Él nunca, jamás consideraría abandonar la obra de Sus manos. Por Su pacto, se ha comprometido a completar la obra que comenzó en nosotros. Nuestra esperanza para cambiar no depende tanto de nuestro carácter sino del Suyo. ¡Qué buena noticia!

6. *La debilidad no es mi gran problema; mi delirio de fortaleza es mi problema.*

Aquí tienes palabras que cambian el paradigma, palabras diseñadas para revolucionar lo que piensas sobre ti mismo y sobre la vida en este mundo caído: «Te basta con mi gracia, pues mi poder se perfecciona en la debilidad» (2 Cor. 12:9). Si crees que eres fuerte, o si te esfuerzas por creer que eres fuerte, no buscarás la gracia poderosa que te ha sido dada en Cristo Jesús, ni descansarás en ella. Todos necesitamos calmarnos y entender algo. Nuestras historias presentan amplia evidencia de que, en realidad, somos sumamente débiles, y en nuestra debilidad, somos susceptibles a rendirnos a cosas que deberíamos resistir. Todos hemos cedido a tentaciones sexuales de las cuales deberíamos huir. Sin embargo, que no cunda el pánico. Dios conoce bien nuestra debilidad. No se queda horrorizado ni sorprendido ante la evidencia de nuestra falta de poder. No, nuestra debilidad no obstaculiza Su gracia. Al contrario, Su gracia hace su mejor obra precisamente en el momento en que nuestras debilidades quedan al descubierto.

Verás, nuestra esperanza no descansa en el tamaño de nuestra fuerza, sino en la magnitud inestimable de la Suya. La gracia puede lidiar con toda nuestra debilidad, pero cuando nos convencemos de que somos fuertes, no nos interesa demasiado esa gracia. Nos haría muy bien escuchar el mensaje que anuncia nuestra lucha con el sexo. Pocas áreas en nuestras vidas predican un evangelio de necesidad como lo hacen nuestras luchas con la pureza sexual del corazón y las manos. Si escuchas ese mensaje, buscarás y celebrarás la poderosa gracia que se ha derramado sobre ti.

7. He recibido una rica sabiduría para el diario vivir.

Uno de los tristes efectos del pecado es que nos reduce a todos a la condición de insensatos. No hace falta más evidencia de la insensatez del pecado en las decisiones estúpidas que toman los seres humanos que la que presenta lo que hacemos respecto al sexo. Considera el adulterio del rey David con Betsabé. ¿En qué estaba pensando? En su mente, ¿cuál era el objetivo? ¿Qué se imaginaba que haría Dios? ¿Realmente pensaría que se saldría con la suya? ¿Cómo se convenció de que esta relación ilícita estaba bien y tendría un buen final? Qué imagen poderosa de la insensatez del pecado.

La insensatez es el problema de todos los seres humanos, porque es uno de los efectos inevitables del pecado, y todos somos pecadores. No podemos evitar esta insensatez, porque no podemos escapar de nosotros mismos. Así que es aquí mismo donde el evangelio de Jesucristo irrumpe con tanto poder. El evangelio declara que la sabiduría no se trata de un libro, una publicación en un blog, un tuit o un ensayo teológico. No, la sabiduría es fundamentalmente una persona, y Su nombre es Jesús. En Colosenses 2:3, Pablo afirma que Jesús es «en quien están escondidos todos los tesoros de la sabiduría y del conocimiento». Para rescatarnos de nuestra insensatez, Dios nos dio lo único que serviría: a Su Hijo.

Pero no solo recibimos al Hijo, que es el Verbo o la Palabra; sino que también fuimos bendecidos con la Palabra del Hijo. Cada página de la Escritura nos da una sabiduría que no tendríamos por nuestra cuenta. Hay algunas cosas que debes saber respecto a tu lucha con la locura sexual, cuestiones que jamás sabrías por experiencia personal y por indagación colectiva. Estas verdades vitales solo se conocen mediante la revelación.

Dios nos regala Su Palabra para que podamos conocerlo y conocer Su plan, para que podamos entendernos a nosotros mismos y nuestras necesidades, y para que sepamos dónde encontrar esperanza y ayuda duraderas. El propósito de la Palabra de Dios no se trata de información religiosa y teológica, sino de transformación personal. Así que el Hijo, que es la Palabra, y la Palabra del Hijo, significan que no hemos quedado librados a nuestra propia insensatez. Hay Alguien que es sabiduría, y que nos regala la sabiduría que jamás tendríamos sin Él. Tenemos que repetirnos esto una y otra vez.

8. *Solo las riquezas de la gracia satisfacen mi corazón.*

No hace falta que diga mucho más al respecto, más que repetir que esta es una verdad que necesitamos predicarnos cada día. La única manera en que obtendremos la satisfacción que buscamos es de manera vertical. Sencillamente, es imposible encontrarla en el ámbito horizontal. No hay cosa creada que pueda satisfacer tu corazón. El mundo creado fue diseñado para señalarte adónde tu corazón puede hallar su contentamiento y su descanso: en Dios y tan solo en Dios. La locura sexual que daña y destruye nuestras vidas es el resultado de buscar en la creación lo que solo podemos encontrar a los pies del Creador.

9. *Tengo la seguridad de que mi lucha con el sexo terminará.*

La victoria de Jesús garantiza tu victoria. En términos agrícolas, son las primicias. La aparición de la primera manzana en el árbol garantiza las demás que vendrán. La cruz vacía y la tumba de Jesús son tu garantía de que tu tentación sexual, tus pecados y tus adicciones algún día quedarán vencidas, y vivirás para siempre libre de toda locura interior y externa. Esa garantía de su derrota final también es una garantía de toda la gracia que necesitas en el camino.

Es cierto, vivimos en un mundo que se ha vuelto loco en el área sexual. Y también es cierto que esa locura sigue viviendo de alguna manera en todos nuestros corazones. Pero no tenemos por qué temer; no hace falta sucumbir; no tenemos por qué pensar que nuestras batallas no llevan a ninguna parte. No debemos dar lugar a estimaciones de pobreza, soledad e imposibilidad, porque Jesús, el Mesías, ha invadido la locura. Él enfrentó todas las cosas insanas que se nos presentan y las venció a nuestro favor. Lo hizo para que tú y yo tuviéramos la gracia que necesitamos para hacer frente a las luchas sexuales que seguiremos teniendo hasta que la eternidad sea nuestro hogar y la locura quede silenciada para siempre.

Para repasar y reflexionar

1. «La identidad que nos asignamos determina cómo abordamos lo que tenemos entre manos» (pág. 170). ¿De qué manera se cumple esta verdad?

2. ¿Cómo produce fortaleza el reconocer la debilidad personal? Ver 2 Corintios 12:7-10.

3. Relee Isaías 55:1-3. ¿Qué impacto tiene este pasaje sobre tu manera de pensar en tu vida sexual?

4. El evangelio de Jesucristo puede remodelar nuestra identidad... incluida nuestra identidad sexual. Explica cómo las verdades del evangelio establecidas en el capítulo 11 alteran tu manera de pensar. ¿Cuáles de las nueve verdades que Pablo esboza te produjeron mayor impacto, y por qué?

5. El Mesías ha invadido la locura sexual. ¿Cómo es Jesucristo el único camino a la cordura sexual?

Reinicia tu corazón

- Isaías 55:1-3

- 2 Corintios 12:7-10

- Efesios 1:3-10

- Hebreos 4:14-15

- 2 Pedro 1:2-4

Índice general

Índice escritural